Gianni Giansanti

Afrique mystérieuse

Les peuples oubliés de la vallée de l'Omo

GEO

SOLAR

TEXTES ET PHOTOGRAPHIES
GIANNI GIANSANTI

APERÇUS ETHNOLOGIQUES
PAOLO NOVARESIO

POUR L'ÉDITION ORIGINALE
Conception et réalisation éditoriale : Valeria Manferto de Fabianis
Conception et réalisation graphique : Clara Zanotti
Coordination rédactionnelle : Alberto Bertolazzi
et Maria Valeria Urbani Grecchi
Assistante de prises de vues : Ada Masella

POUR L'ÉDITION FRANÇAISE
Traduction, adaptation et création des légendes
de la version française : Eve Sivadjian
Réalisation de l'adaptation française : Looping
Maquette de la couverture : Guylaine Moi

Titre original : *Africa*

Éditions White Star
Via Candido Sassone, 22/24 13100 Vercelli - Italie
www.whitestar.it

Prisma Presse
6, rue Daru 75008 Paris – France
www.geomagazine.fr

SOLAR
12, avenue d'Italie 75013 Paris – France
www.solar.tm.fr

ISBN 2-263-03773-X
Code éditeur : S03773
1re édition

Imprimé et relié par Grafiche Industriali, Turin, Italie
Photogravure : Fotomec, Turin, Italie
Dépôt légal : septembre 2004

Pages 2-3.
Jeune fille mursi parée de défenses de phacochère.

Ci-contre.
Les femmes mursi et surma insèrent un labret dans l'incision pratiquée sous la lèvre inférieure.

Pages 6-7.
En larges méandres, le fleuve Omo coule dans la plaine du Sud-Est éthiopien vers le lac Turkana, situé au Kenya, où il se jette.

[GIANNI GIANSANTI]

CARNET DE VOYAGE

LA FIN DU XVIIe SIÈCLE MARQUA LE DÉBUT DES GRANDES EXPLORATIONS. L'AFRIQUE ÉTAIT ALORS CONSIDÉRÉE COMME UN CONTINENT INACCESSIBLE, PEUPLÉE DE SAUVAGES ET DE FAUVES ÉVOLUANT DANS UNE NATURE INCONNUE RÉGIE PAR DES FORCES MYSTÉRIEUSES.

Ces particularités firent de l'explorateur un personnage fascinant qui, à ses risques et périls, allait découvrir des lacs, des fleuves, des montagnes, apportant un considérable tribut à l'élaboration de nouvelles cartes géographiques. Dans ce contexte, l'Éthiopie fut, à cette époque, l'un des pays les plus intéressants à explorer, surtout du point de vue de son histoire, enracinée, nous le savons aujourd'hui, dans les premiers temps de l'humanité. C'est dans cette région en effet que furent découverts les restes de Lucy. Elle aurait vécu voici plus de trois millions d'années, et serait donc l'un des hominidés les plus anciens.

Il fallut attendre le début du XIXe siècle pour que l'on s'intéresse vraiment au cours de l'Omo. En l'occurrence, ce fut la Société de géographie italienne qui chargea le capitaine Vittorio Bottego d'en suivre le cours pour en trouver la mystérieuse embouchure. Ce capitaine monta donc une expédition de deux cent cinquante askaris, soldats indigènes des armées coloniales, avec ânes et chameaux, et explora les rives du fleuve jusqu'à l'embouchure, qui s'ouvre directement dans le lac Turkana. Ainsi fut résolu l'un des mystères de la géographie moderne. Le héros de l'affaire trouva la mort au cours du voyage de retour, dans une embuscade tendue par quelques guerriers appartenant aux nombreuses tribus qui peuplaient cette région encore inconnue. Leur nombre dépasse aujourd'hui la cinquantaine, dont dix principales. Certaines d'entre elles sont encore très difficiles à approcher.

Je ne fus pas très enthousiaste lorsqu'on me proposa de réaliser un reportage photo sur les tribus du cours inférieur de l'Omo. Certes ma curiosité était éveillée, mais l'entreprise me semblait assez difficile et, à dire vrai, je ne savais pas grand-chose de l'Éthiopie.

J'ai donc commencé à me plonger dans les cartes du pays et à chercher des documents sur ces collectivités si peu touchées par le monde moderne. Malheureusement, exception faite de rares informations glanées dans quelques guides et chapitres d'ouvrages photographiques anciens, je n'ai rien pu trouver. Je compris donc la raison d'être du projet pour lequel j'étais sollicité. Malgré les moyens de communication actuels les plus divers, il ne nous parvient que fort peu de nouvelles de cette région à peu près grande comme la Suisse. Il n'y avait qu'une chose à faire : y aller et photographier...

Il fut alors décidé d'organiser un premier voyage de reconnaissance, ce qui permettrait de savoir si l'entreprise était réalisable ou non.

Pages 8-9. Les guerriers surma s'affrontent périodiquement en combats singuliers, dits *donga*, avec pour seule arme une légère et longue perche de bois. Le vainqueur de chaque duel affronte le combattant suivant, et ainsi de suite tout au long de quarante à cinquante combats. Le héros des joutes est, bien entendu, l'ultime finaliste.

Double page précédente. Le visage grimé de boue calcaire et les yeux irrités par la poussière que soulève le moindre coup de vent, mâchant en permanence des feuilles de kat aux propriétés hallucinogènes et ingurgitant force boissons fermentées, ce guerrier mursi est, comme ses semblables, intimidant.

Les rives du fleuve Omo

Dans la savane calcinée plantée de maigres acacias parasols et de buissons d'autres épineux, le cours du fleuve, large feston de forêts luxuriantes vert sombre, se repère de loin.

Ce premier voyage démontra que les difficultés étaient immenses et que les distances étaient non seulement longues mais aussi difficiles à couvrir sur des pistes de terre à peine marquées. Atteindre certains villages était quasiment impossible du fait des pluies qui, rendant le trajet impraticable, pouvaient nous bloquer pendant de longs jours. Il fallait de plus être accompagné d'un *ranger,* garde forestier armé, pour accéder à certains villages, où les hommes sont tous armés de kalachnikovs et s'en servent sans états d'âme.

Il n'empêche… Fasciné par ces gens hors du temps, je décidai de poursuivre l'aventure, en sachant parfaitement que les voyages suivants seraient encore plus durs, certains endroits, par exemple, n'étant accessibles qu'à pied ou en petit avion. Et puis, pour avoir un peu côtoyé les gens des tribus au cours des repérages, j'avais compris que, sur ce plan non plus, ce ne serait pas facile. Mais cela en valait la peine à cent pour cent !

Trois jours de voyage pour accéder à la vallée de l'Omo donnent l'impression de retourner des milliers d'années dans le passé. Là résiderait peut-être le sens d'une telle démarche ? Voyager dans le temps pour aller voir de nos jours ce que nos semblables étaient hier, mais surtout pour voir, connaître et photographier une certaine Afrique qui, ici, existe encore mais qui ne manquera pas de disparaître bientôt.

Si le continent noir marque à jamais qui y pose le pied, l'Éthiopie vous laisse au cœur une empreinte large et profonde comme celle d'un fleuve à sec. J'ai passé des mois à préparer l'un des voyages les plus compliqués qu'il soit à organiser sur le papier, non seulement du fait des difficultés de déplacements dans cette région mais surtout à cause du manque d'informations dû à la dictature du colonel Mengistu qui, pendant une décennie, isola le pays du reste du monde. Cela dit, si l'absence de tourisme et d'échanges commerciaux n'a pas contribué à améliorer les conditions économiques et sociales de cette région d'Afrique, au moins l'isolement présente-t-il l'avantage de lui conserver son charme pour quelque temps encore, nous permettant aujourd'hui de rencontrer une société dans sa forme la plus archaïque, une société où le consumérisme est inconnu.

Le jour de notre arrivée à l'hôtel Hilton d'Addis-Abeba, on nous fit passer une note informative émanant de l'ambassade italienne qui mettait en garde ses ressortissants contre un risque d'attentat dans l'hôtel même du fait de la présence d'un ministre israélien. En conséquence, il nous était très vivement conseillé d'aller passer la nuit ailleurs… Le programme de notre expédition prévoyant pas moins de quatorze camps à ciel ouvert dans des zones inaccessibles, il ne fut cependant pas question pour nous d'abandonner, avant cela, un dernier lit douillet à l'abri des mouches. Les faits nous donnèrent raison : l'attentat n'eut pas lieu.

Le jour suivant, un dimanche matin, nous partîmes de bon matin, quittant une ville encore endormie où seules quelques rares femmes drapées dans leur beau *chamar* se dirigeaient vers les églises pour assister à la messe. Après avoir parcouru une centaine de kilomètres — finalement assez monotones —, le paysage commença à devenir intéressant. Entre les acacias parasols et les collines volcaniques apparurent les premiers lacs qui, l'un après l'autre, se succèdent jusqu'à Arba Minch, notre première étape.

Bain régénérant dans le Neri, torrent situé près de notre campement dans le parc national du Mago.

L'eau potable est précieuse dans cette région d'Afrique qui en manque cruellement. Comme les marins en mer, il faut se contenter du filet de gouttes qui s'écoule de la vache à eau.

Cette première étape, de près de 460 kilomètres, fut la plus longue. Un parcours en majeure partie effectué sur la Transafricaine jusqu'à l'embranchement de Shashemene, au seuil de la célèbre vallée du Rift. D'après ce que nous pûmes lire dans les guides durant le trajet, la cassure de la vallée du Rift continuant à s'écarter, un océan se formera entre le canal du Mozambique et l'océan Indien dans quelques millions d'années, engloutissant la Corne de l'Afrique. Nœud routier névralgique reliant le nord au sud et l'est à l'ouest, Shashemene est la capitale non officielle de l'Ethiopian Rastafarian Community. Avec ses bars diffusant de la musique à plein volume et emplis de camionneurs, elle représente l'ultime « attraction » avant le grand saut dans l'inconnu. Vers le soir, nous atteignîmes Arba Minch, la ville aux quarante sources.

Depuis la terrasse de l'hôtel Bekele Mola, le lac Abaya et le Chamo, séparés par une colline ici baptisée *Bridge of God*, le « pont de Dieu », nous apparurent dans toute leur splendeur. Après une dernière douche et un appel téléphonique à la maison vinrent les premiers moustiques tandis que la nuit et le sommeil effaçaient l'anxiété de ce voyage, qui commençait tout juste. L'une des visites les plus intéressantes fut, sans aucune doute, celle que nous fîmes aux tristement célèbres Mursi du village de Komba. Notre deuxième nuit de camp dans le Mago National Park s'écoula entre le grondement du torrent Neri voisin et les hurlements agressifs des singes colobes, nombreux dans notre clairière. Au réveil, l'unique moyen de se laver fut de se jeter dans les eaux brunes qui bouillonnaient à côté de nous. Peu engageantes, elles firent cependant leur office.

EXTRAIT DE MON JOURNAL… « ME VOICI ENTOURÉ DE QUELQUES ENFANTS NUS AUX PEINTURES TRÈS VARIÉES ET QUI, STUPÉFAITS, ME REGARDENT. »

Page ci-contre. Les traits sévères d'un guerrier mursi s'adoucissent parfois en un sourire.

Après le petit déjeuner, nous fîmes le programme de la journée. Lorsqu'on se rend dans un village mursi, la pratique habituelle veut que l'on prévoie une escorte de *rangers* armés afin d'éviter tout problème.

On dit beaucoup de mal de ce peuple de guerriers, car ce sont d'excellents brigands, de vrais professionnels du vol. Selon une légende soigneusement colportée, un guerrier mursi serait parvenu à ôter les souliers d'un voyageur sans que ce dernier s'en rende compte ! Lorsqu'on me rapporta cette histoire, je pensai immédiatement à mes appareils photo…

Nous parvînmes au village au terme d'une montée encombrée de pierrailles et d'une exténuante lutte contre les mouches tsé-tsé, souveraines absolument incontestées de la région.

À peine les Mursi nous virent-ils qu'ils nous entourèrent, nous touchèrent en nous demandant mille choses. À les voir ainsi, soudainement, ils sont assez intimidants, avec leur visage dur, tourmenté, et leur corps longiligne et musclé, entièrement nu. Vinrent aussi les femmes avec leur fameux labret, si grand qu'il semblait déchirer leur bouche à demi fermée. Nous restâmes comme ensorcelés à admirer ces gens d'un autre âge et leur village d'à peine une dizaine de huttes. La journée entière s'écoula à photographier des visages, des groupes, des femmes, des enfants, parés de leurs ornements de tête. L'un arborait une corne, l'autre des anneaux de fer, un autre encore une touffe de laine de couleur… Pour faire preuve d'hospitalité et au prix de quelques birrs, la monnaie locale, ils décidèrent de nous offrir quelques instants d'entraînement au *donga*, lutte spécifique à leur tribu et à celle des Surma. Deux combattants prirent donc position au centre du village et commencèrent à se battre en évitant de se porter des coups trop durs. C'est du haut d'un arbre que je photographiai la scène. Après cette démonstration survinrent des danses, jusqu'à la fin de notre visite. Il nous restait trois heures de marche pour rentrer au camp, mais l'expérience forte que nous venions de vivre compensait la fatigue.

Pages 18-19. Ce masque impressionnant est un visage d'enfant surma. Outre son aspect décoratif, la pâte jaune dont il est enduit joue un rôle prophylactique, répulsif pour les mouches et autres insectes porteurs de maladies.

Double page précédente. Chaque scarification fièrement arborée par ce guerrier mursi symbolise le meurtre d'un ennemi. Lorsqu'il n'y a plus d'espace sur les bras, les marques sont incisées sur la poitrine, sur le ventre, puis sur le reste du corps.

À travers la savane

Sous la conduite du chef surma de Kormu et vannés après une dure journée, les membres de l'expédition ont repris la piste menant à Kibish.

„ETHIOPIA 2003/04 "OMO VALLEY"

Le trekking qui nous mena dans un village surma de la rive occidentale de l'Omo compta parmi les moments les plus forts du voyage. J'étais dans la cour de l'avant-poste militaire de Tulgit en train de ranger mes appareils photo lorsque, relevant machinalement la tête, je me vis entouré d'enfants au corps complètement nu et orné de peintures extraordinairement variées, qui me regardaient avec curiosité. Encore plus surpris qu'eux, sans doute, et émerveillé de la grâce de leurs décors et de l'élégance avec laquelle ils les exhibaient, je ressortis en une seconde les appareils prêts pour la randonnée du jour et je les photographiai. Dès que j'eus achevé ces premières belles images d'une journée qui s'avéra mémorable, nous partîmes en voiture. Au bout d'une longue piste montueuse gravie dans un nuage de poussière, la vallée de l'Omo nous apparut dans toute son immensité, à 360 degrés.

Tout en bas, Kibish : quelques tôles, de rares huttes, trois ânes. C'est avec ces pauvres bêtes ainsi que deux soldats, deux porteurs et deux factotums recrutés en vitesse lors d'une étape à Mizan Teferi que nous avons composé notre expédition pour Kormu. Nous partîmes à une heure impossible sous ces latitudes : midi. Dur était le chemin qui nous attendait ! Nous avions dû calculer méticuleusement les quantités de matériel à emporter, pour travailler surtout, sachant qu'au cours des six ou sept jours suivants nous ne pourrions compter que sur nous-mêmes. L'eau, la nourriture, les batteries et les films furent, bien sûr, prioritaires dans nos bagages, avec les tentes et la pharmacie de premier secours. Cette route fut un chemin de croix au cours duquel il nous fallut ménager des étapes. La chaleur suffocante nous coupait les jambes sur la maudite piste, toute en montée.

Il nous fallut trois heures de marche pour arriver au pied de la colline où se trouvait le village, dont le chef vint immédiatement à notre rencontre en nous souhaitant l'habituelle bienvenue, « *Chally !* », ce qui signifie en substance « tout va bien ? ». Comme il se doit, nous répondîmes *Chally !* « À part la chaleur », n'ai-je pu m'empêcher d'ajouter...

Au cours de la nuit qui suivit, il plut pendant des heures. Au matin, nous retrouvâmes Fassil et Mekkonen, nos aides, saucissonnés dans du film plastique dont les propriétés isolantes avaient été leur seule protection nocturne. Les soldats et les porteurs, eux, s'étaient débrouillés pour se faire héberger dans quelque hutte. Un feu, heureusement, nous réchauffa tous bien vite, corps et âme, tandis que Fassil préparait le petit déjeuner à base d'œufs, de lait, de farine de maïs et d'un chevreau offerts, en guise de bienvenue, par Bar Gamoghy Doroty, le chef de ce village.

Extrait de mon journal... « La variété des dessins corporels m'émerveille, tout comme l'élégance avec laquelle ils sont exhibés... »

Ci-contre. C'est avec une douille de kalachnikov trempée dans des pigments réduits en pâte fine que la femme à qui appartient cette main peint le visage de l'enfant.

L'intense et chaude lumière de l'aube colorait de rouge notre campement situé à l'entrée de Kormu. Non loin, Ghere Kara, experte en décors corporels, commença à peindre les visages d'une poignée d'enfants à l'aide d'une douille de kalachnikov trempée dans des pigments en poudre mouillés, disposés sur une pierre. Ce *body painting* se poursuivit plus tard près d'un torrent, où les garçons allèrent se laver tandis que les filles puisaient de l'eau. Le lit était pratiquement à sec, ce qui était de saison, et pourtant chacun parvenait à accomplir toilettes et lessivages autour de l'unique et malheureux filet d'eau. Cercles, lignes et autres figures géométriques composaient la majeure partie des décors tracés sur ces peaux satinées, décors dont les couleurs devaient résister jusqu'à ce que les ablutions suivantes les effacent. Il n'y avait pas d'espace vide sur ces corps. Visage, poitrine, épaules, jambes et jusqu'aux parties intimes furent décorés à l'aide de ces poudres mouillées, appliquées avec des bâtonnets, des cailloux, des tiges et des corolles de fleurs.

Nous revînmes au village vers midi par une chaleur torride. Le soir, un spectacle fantastique nous fut offert : la pleine lune éclairant toute la vallée sous un ciel extraordinairement pur où brillaient des myriades d'étoiles, tandis que sur les collines alentour le halo des feux marquait la présence de huttes, de familles, de vie.

Extrait de mon journal... « Nous décollons de bonne heure. Dans la pâleur de l'aube, les villages semblent plus étendus qu'ils ne le sont du fait des ombres allongées... »

Le survol du cours entier de l'Omo à bord d'un Cessna fut une expérience inoubliable. Nous avions décidé de prendre pour base le camp de la Rift Valley Safaris de Murle, un endroit perdu où le cours du fleuve est le plus sinueux, avec des méandres tous les deux cents à trois cents mètres. Nous fûmes donc contraints d'expédier par avance des fûts de carburant directement depuis Addis-Abeba afin d'avoir l'autonomie voulue pour trois jours de vol. Selon notre programme, l'avion faisait le plein à 6 heures du matin pour un départ fixé à 7 heures, lors de la plus belle lumière. J'ai toujours présente en mémoire la lumière de l'aube illuminant les premiers villages, qui semblaient plus importants qu'ils n'étaient du fait de l'allongement des ombres. En allant vers le nord à la recherche des agglomérations surma, nous survolâmes celles des Karo. Là où elles sont, le fleuve est moins sinueux que plus au sud, d'où nous venions. Le territoire surma étant montagneux, les courants ascensionnels rendirent difficile et dangereux le travail du pilote, le capitaine Salomon.

Aller ainsi au hasard à la recherche des villages n'avait rien d'évident, mais comment faire autrement puisqu'ils ne figurent sur aucune carte ? Alors que nous survolions la vallée de Kibish, nous reconnûmes Kormu, où nous avions séjourné plusieurs nuits. Pour en saluer les habitants, nous passâmes en rase-mottes au-dessus des toits, selon la coutume de l'Est africain.

L'atmosphère et la structure des villages ainsi vus du ciel diffèrent selon les ethnies. Ceux des Dassanetch, par exemple, installés dans des zones désertiques, sont vastes et poussiéreux. Ceux des Nyangatom leur ressemblent, mais ils sont plus proches du fleuve. Les Karo, eux, regroupent harmonieusement leurs maisons directement sur la rive, alors que les Surma installent leurs huttes, proches les unes des autres, dans les régions de collines et de montagnes. Quant aux Mursi, ils vivent tous ensemble dans des huttes à côté du fleuve Mago. Les Hamar, enfin, jouissent d'agglomérations très vastes, où chaque famille possède sa hutte flanquée d'une vaste enceinte pour le bétail.

Une ombre sur la poussière

L'ombre du Cessna se découpant sur le village dassanetch d'Omorate. Les enclos à bestiaux, comme l'enceinte qui entoure cette poignée de maisons, sont constitués de fagots d'épineux empilés, dissuasifs pour les hyènes effrontées et les fauves

Détail des dessins effectués autour des yeux d'un Mursi.

À la fin de notre journée de travail, nous décidâmes à l'improviste de nous arrêter quelques instants à Turmi pour acheter une caisse de bières. Nous n'en avions pas au camp, et l'idée d'un dîner ainsi arrosé, quand bien même la boisson serait chaude, nous semblait particulièrement alléchante. Après avoir survolé deux fois en rase-mottes la piste en terre — seul moyen selon le capitaine Salomon pour chasser les vaches et repérer les trous —, nous atterrîmes dans un nuage de poussière. Immédiatement, alors que le moteur tournait encore à plein régime et que l'hélice fouettait l'air dangereusement, une centaine d'habitants accoururent vers nous. Simple curiosité ! Parmi eux se trouvaient Gallo, Irish et Kala qui, à peine nous eurent-ils reconnus, se mirent à hurler nos noms en se précipitant dans nos bras pour nous embrasser. Nous achetâmes donc à boire au bar d'Hassafu, et nous redécollâmes comme le jour tombait. Un dernier coup d'œil aux visages souriants qui nous regardaient d'en bas. Ils étaient contents. Nous aussi.

Vingt minutes plus tard, presque à la nuit, nous atterrissions à Murulle. Juste à temps, avant que le soleil ne se couche, dans ce pays hors du temps.

Je dois certains des moments les plus intenses de ce voyage à Kala, un jeune Hamar de 12 ou 13 ans, originaire d'un petit village situé à une demi-heure de piste de Turmi. Comme tous les adolescents de ces régions, il a hâte de quitter son statut pubertaire pour devenir enfin un « homme » en affrontant les taureaux. Le jour du saut sur ces bêtes bondissantes sera le plus beau de sa vie. Mais il a un autre rêve, qu'il garde jalousement caché, celui-là, mais qu'il me révéla presque par inadvertance, lors de ma dernière soirée à Turmi dans le délire d'une forte fièvre. Tout flageolant, il avait plié la longue étoffe qu'il étale sur le sol, le soir, en guise de matelas et de couverture, avant de s'y affaler. Il avait les yeux battus, brillants, rouges. « J'ai la malaria. C'est la deuxième fois en peu de temps que je l'attrape », me chuchota-t-il tout emmitouflé dans son abri improvisé.

La cérémonie du Saut du taureau des Hamar.

Alors, exténué, il sombra dans le sommeil. Il dormait à la lueur de la lampe à pétrole, dans cette hutte où Anyalem, à trois pas de lui, rangeait les quelques ustensiles qui avaient servis pour la préparation du dîner. Si par hasard il rêvait cette nuit, il se verrait sans doute chevaucher cette bicyclette dont il m'avait parlé tout à l'heure en tremblant de fièvre, pendant qu'il avalait sa pastille de quinine. Il en avait assez de faire tous ses trajets à pied, et comme ce serait bien d'avoir un vélo ! Sans compter que tout le monde au village en resteraient bouche bée d'admiration…

Son travail dans le camp de Kaskè consistait en quelques coups de main donnés aux étrangers qui se risquaient jusqu'à Turmi. Il les aidait à installer leurs tentes, il montait la garde, participait à la cuisine et grimpait aux arbres pour leur cueillir des mangues. Lorsqu'il s'éveilla le lendemain, il ne dit plus un mot de sa bicyclette. La fièvre, en déliant sa langue, lui avait-elle joué un mauvais tour ? Au moment des adieux, je lui donnai la quantité de birrs convenue (et même un peu plus) avec un tee-shirt qui lui plaisait bien, et je l'embrassai. Il se mit à courir près de la voiture qui venait juste de démarrer, me criant de revenir pour assister à sa cérémonie du Saut du taureau. « Pourquoi pas… Si je le peux ! » lui criai-je tandis que l'auto, dans un nuage de poussière, prenait de la vitesse.

Depuis, je suis rentré chez moi, en Italie, et quelques mois plus tard m'est parvenue une lettre d'Éthiopie. Elle était de lui ! Contrairement à ce que j'avais imaginé en ouvrant l'enveloppe, il ne me parlait pas de son rodéo cérémoniel mais, après s'être longuement et poliment enquis de moi et de ma famille, il évoquait la bicyclette de ses rêves qu'il ne savait comment se procurer…

Moi, je le sais, et je suis heureux à la pensée du sourire épanoui de ce jeune Hamar dont le souhait, au cœur de sa lointaine Afrique, sera réalisé.

SIMPLICITÉ DE L'INSTANT...

LA VIE, PRISE SUR LE VIF...

SÉQUENCES QUI INSPIRENT

AUX ÉCRIVAINS

DES POÈMES,

ET AUX PHOTOGRAPHES

DES

IMAGES...

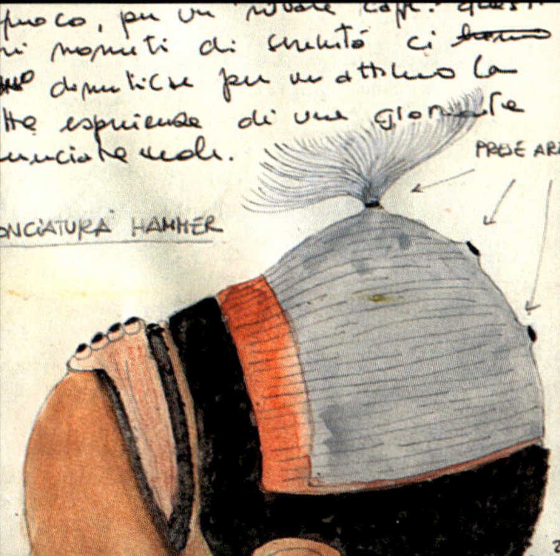

L'étrange chignon d'argile des Hamar.

Un village nyangatom sur l'Omo.

Par cette première page débute mon carnet de voyage.

Visionnage des clichés en fin de travail.

En pirogue avec les Karo sur les eaux limoneuses de l'Omo.

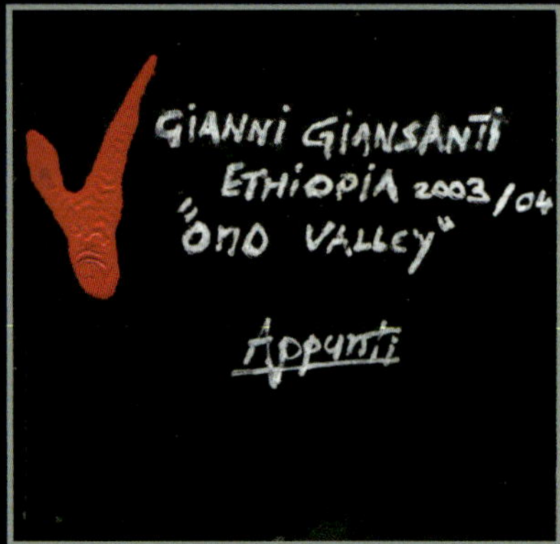

Prise de vues chez les Mursi, de sinistre réputation.

Dès le plus jeune âge, les enfants sont coiffés et parés comme les adultes.

Cette femme karo est occupée à moudre des grains de sorgho.

La fantaisie créatrice des jeunes
Surma n'a pas de limites !

Avec Zéri, une jeune maman et son bébé, sur la rive du fleuve.

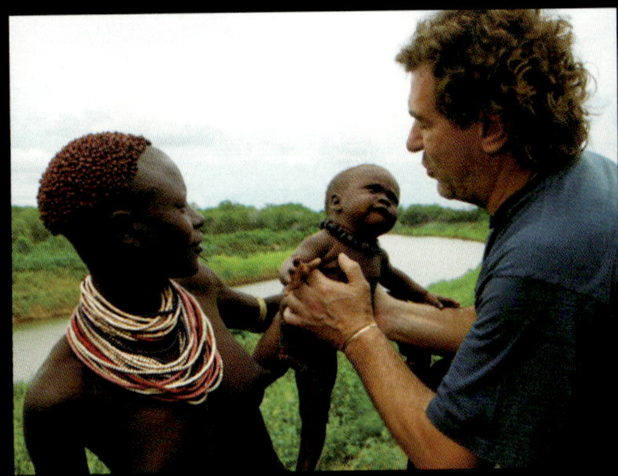

Prise de vues aériennes en territoire surma dans une lumière de fin d'après-midi.

Photo souvenir avec une jeune Hamar avant la cérémonie du Saut du taureau.

Dernière touche à la toilette d'un guerrier surma avant de faire son portrait.

Dans l'auberge du marché de Djmeka, parmi les chanteurs hamar ivres.

Pages 36-37. Cornes de phacochère et plateaux labiaux constituent les ornements caractéristiques des beautés mursi.

[PAOLO NOVARESIO]

LE FLEUVE MYSTÉRIEUX

Voici quinze millions d'années, une entaille titanesque atteignant par endroits sept kilomètres de profondeur déchira l'assise de rocs qui constituait le sol de l'Afrique orientale. La vallée du Rift était née.

La formation de cette immense blessure, qui traverse le continent noir de la mer Rouge au Mozambique, s'accompagna d'éruptions volcaniques spectaculaires dont les conséquences géologiques sont surtout visibles en Éthiopie. En effet, des deux côtés de la vallée parsemée de lacs s'élèvent des hauts plateaux tourmentés, tout un chaos de montagnes aux formes étranges couvertes d'une épaisse couche de lave noire. C'est à travers ce paysage d'aube du monde que le fleuve Omo s'est frayé un chemin en taillant dans la roche vive, patient travail d'érosion dont la durée se mesure en millions d'années.

L'Omo naît sur les pentes du mont Amhara, à une centaine de kilomètres à l'ouest de la ville d'Addis-Abeba. Sur une longue portion de son parcours, encaissé entre de hautes parois de roc, il est agité, violent, torrentueux. Après le pont de Gibé, situé sur l'axe Addis-Abeba-Jima, il pénètre dans un territoire âpre et sauvage où les routes sont de simples pistes que la saison des pluies transforme en sillons de boue, impraticables même par les véhicules les plus robustes. Deux immenses territoires protégés, le South Omo et le Mago National Park, maintiennent ce morceau d'Afrique encore intact. Totalement isolés et pratiquement privés d'infrastructure, ces parcs du Sud éthiopien sont très peu fréquentés : dans cette région où les projets de développement touristique se heurtent à une situation locale et politique problématique, il n'y a pas plus d'une dizaine de visiteurs par an. Le braconnage, tant pour la viande que pour l'ivoire, constitue une menace continuelle. Les rhinocéros ont disparu, et le nombre des éléphants, traqués sans merci, diminue de façon alarmante. Sur des centaines de kilomètres jusqu'au lac Turkana, dans lequel se jette l'Omo, les rives du fleuve sont quasiment inaccessibles. Infestée de crocodiles et d'hippopotames, bordée d'un épais rideau de forêt pluviale et affligée d'un climat malsain, cette vallée fluviale ne fut jamais une voie de communication et d'échanges. Elle est depuis toujours une barrière à franchir, un obstacle pour les gens du pays.

Lorsqu'il se libère enfin de l'étreinte des montagnes qui lui valent ses derniers affluents, l'Omo s'abandonne dans le lit aride du lac Turkana. Peu avant d'atteindre ce dernier, le paysage change du tout au tout : à la dense forêt de haute futaie succèdent désormais de misérables

ÉTHIOPIE
Addis Abeba
Lac K'Oka
Lac Ziway
Fleuve Omo
VALLÉE DU RIFT
Jima
Lac Abyata
Lac Langano
Lac Shala
Lac Awasa
Fleuve Omo
Lac Abaya
SURMA
Tum
Tulgit
Kibish
Kormu
MURSI
Lac Chamo
NYANGATOM
BANNA
SOUDAN
KARO
ARBORE
KONSO
Labouk
Fleuve Omo
HAMAR
BORANA
DASSANETCH
El Sod
Lac Turkana
KENYA
COPYRIGHT WORLDSAT INTERNATIONAL

broussailles épineuses coupées de savanes brûlées de soleil, paysages monotones dont seules les silhouettes des termitières, de cinq mètres de haut, interrompent l'absolue platitude. Sinuant en méandres opulents, le fleuve poursuit silencieusement son cours vers l'ample bassin qui s'étend sur plus de deux cent cinquante kilomètres entre les contreforts de la vallée du Rift. Il pénètre dans le lac en formant comme un long delta aux bras coulant entre des rives sinueuses et bien marquées, couvertes d'une végétation marécageuse. Ce phénomène particulier est dû au fait que l'eau de l'Omo, plus douce et légère que celle du lac Turkana, très sodée, demeure longtemps en surface. La disparition progressive de la force du courant facilite le dépôt des sédiments qui, en s'accumulant, forment de véritables digues dont le tracé change continuellement. Au cours des deux dernières décennies, le niveau du lac Turkana s'est abaissé de près de quinze mètres. Cette diminution spectaculaire est imputable aux changements climatiques et à la réduction du débit du fleuve, qui fait l'objet de prélèvements toujours plus importants pour l'irrigation. Parallèlement, la destruction du manteau végétal originel au profit de nouvelles terres agricoles dans le bassin supérieur a provoqué un accroissement significatif de l'érosion et, par voie de conséquence, une augmentation du volume des sédiments charriés et déposés dans le lac par le fleuve. L'ensemble combiné de ces divers facteurs a donné naissance à une expansion de la zone du delta, au point que cette dernière, seule portion humide dans une région des plus arides, deviendra l'un des paradis les plus remarquables du riche biotope de la Corne de l'Afrique.

Il y a à peine plus d'un siècle que ce grand Sud éthiopien, si loin de tout, comme hors du temps, est apparu sur les cartes géographiques du continent. Ultime et mystérieuse, cette *terra incognita* de l'Afrique dévoila aux premiers explorateurs européens une nature intacte d'une beauté stupéfiante. Surtout, ces terres oubliées recelaient une mosaïque de peuples qui, isolés depuis des siècles, avaient conservé des us et coutumes dont les origines remontent à la préhistoire. Dassanetch, Surma, Mursi, Karo, Nyangatom, Arbore, autant de peuples issus d'un même passé d'obscures migrations, et pourtant si différents les uns des autres et si fiers, chacun, de leur identité. Environ quarante-cinq ethnies vivent dans la basse vallée de l'Omo. Un mélange de langues et de cultures qui échappe à toute tentative de classification rigoureuse. Ces gens, que l'on désigne sous l'appellation « souches omotiques », pratiquent une économie basée sur l'agriculture et l'élevage complétés de chasse et de cueillette. Ce sont d'impitoyables guerriers, indifférents à la souffrance mais capables de transmuer la force brutale en art. De pratique martiale, le combat aux perches devient un déploiement d'agilité et d'élégance, une danse sur la pointe des pieds. Peints à la chaux et aux oxydes colorés, les corps se muent en fresques mouvantes. Les armes à feu elles-mêmes sont ici devenues des ornements. Plus à l'ouest, parmi d'infinies étendues d'herbes jaunes, se déroule la vie des pasteurs hamar et banna aux rituels spectaculaires. Les hommes, ornés de plumes d'autruche, et les femmes, resplendissantes d'ocre rouge, célèbrent le culte de la beauté, intangible et immuable fondement de leur société. Non loin, par-delà les rives d'une autre rivière, le Woito, les idoles du peuple konso veillent les tombes des ancêtres. Ce sont des stèles de bois aux figures anguleuses perdues dans des enfilades de collines savamment cultivées en maïs et en sorgho.

Lorsqu'on va vers le midi, la géométrie des champs et les villages ordonnés, soignés, s'évanouissent. Comme une frontière imaginaire, les rives desséchées du solitaire lac Chew Bahir marquent la limite occidentale du territoire des nomades Borana. Ces déserts, un chaos de rocs et de sables brûlants, sont le théâtre des migrations saisonnières de ce peuple à la recherche de pâturages et d'eau pour le bétail, son unique bien, sa source de nourriture si précieuse dans cet univers impitoyable.

Jusqu'à la fin du XIXe siècle, l'Éthiopie méridionale, comprise entre les basses terres nilotiques et les savanes désolées de la région somalienne, était totalement inconnue. Alors que tous les grands fleuves africains, du Nil au Congo, avaient été descendus et explorés, l'Omo gardait entiers ses mystères.

Vers la fin des années mille huit cent quatre-vingt, l'explorateur français Jules Borelli avait suivi le cours supérieur du fleuve jusqu'à la latitude boréale de 6° 50' ; arrivé là, il s'était brusquement orienté vers l'ouest, traçant la limite entre les provinces de Kefa et de Jemu Gofa. Dans son rapport, étayé en grande partie sur des informations glanées au cours de son voyage, Borelli soutenait que l'Omo, après avoir tracé un nouveau long méandre vers le sud, allait se jeter dans un vaste bassin interne appelé par les indigènes lac Shambara. Quelques années plus tôt, l'Anglais Thomson, parti de la côte de l'océan Indien, avait franchi sans encombres les confins du territoire massaï pour gagner la région du lac Baringo. Les populations locales lui avaient appris qu'au-delà, beaucoup plus au nord, il y avait un autre miroir d'eau, le grand lac Samburu. Ce dernier et le fabuleux Shambara de Borelli étaient-ils le même lac ? Et si tel était le cas, représentait-il le terme du cours de l'Omo ou bien ce dernier en ressortait-il pour aller se jeter dans le Nil ? En vérité, rien n'était certain. Et tandis que Borelli errait aux dangereuses limites du Kefa, une autre expédition, partie de Zanzibar, marchait vers l'intérieur. Le 6 mars 1888, après un an de voyage, la colonne exténuée, guidée par le comte Samuel Teleki von Szek et son lieutenant Ludwig von Honel, se traînait désespérément parmi les collines de lave qui bordent la vallée du Rift au nord du Kenya lorsqu'une immense étendue d'eau apparut soudain derrière un ultime mamelon de gravier noir. Il s'agissait du lac nommé aujourd'hui Turkana. Il emplissait toute la courbe de l'horizon « d'une surface vert sombre, scintillante, aussi vaste que portait la vue ». Cette superbe découverte fut solennellement baptisée lac Rodolphe par Teleki en l'honneur de Son Altesse Impériale le prince héréditaire d'Autriche-Hongrie. Une mauvaise surprise, cependant, attendait les explorateurs tourmentés par la soif et les privations : l'eau limpide comme le cristal était si saturée de soude qu'elle était imbuvable. Après des jours de doutes et d'incertitudes, Teleki et von Honel, stoïques, décidèrent de poursuivre leur route en longeant la côte orientale du lac. Il leur fallut un mois pour atteindre le territoire des Dassanetch (que Teleki cite sous le nom de Reshiat), où ils purent enfin se procurer de la nourriture. Le lac Stéphanie, aujourd'hui appelé Chew Bahir, était à peu de jours de marche de l'endroit où ils se trouvaient, aussi s'y rendirent-ils. Dans son rapport, von Honel le décrit comme un marais infernal, grouillant de poissons à demi morts, de crocodiles et d'hippopotames embusqués dans les vases. Ce lac, alors en phase aiguë de récession, est devenu une stérile étendue de boues salines. Les explorateurs retournèrent alors à leur camp de base sur le lac

Rodolphe avec l'intention de poursuivre par la rive occidentale, mais ils se heurtèrent à un obstacle inattendu : un grand fleuve, dit alors Nianam, leur barrait inexorablement la route. La recherche d'un gué se révélant infructueuse, Teleki décida, à regret, de renoncer à ce nouveau projet et de reprendre en sens inverse la route de l'aller, si bien que l'expédition parvint à Mombasa quelques mois plus tard. Les résultats de leurs découvertes, même moins complets qu'ils ne l'auraient souhaité, étaient de première importance : les contours des lacs Stéphanie et Rodolphe meublèrent le vide des cartes, avec des noms de montagnes, de marais, de rivières et de peuples ignorés jusqu'alors. Au cours de leur brève reconnaissance le long du Nianam — qui bien sûr n'était autre que l'Omo —, von Honel glana de nombreux renseignements sur les peuples de la région. Ainsi évoque-t-il dans ses carnets les Hamar, les Bashada et les Bumi (Nyangatom), décrivant avec force détails leurs coutumes, telles celle du plateau labial, ou labret. Certes, le cours de l'Omo restait encore enveloppé de brumes, mais la voie en était désormais ouverte.

En 1895, Arthur Henry Neumann, chasseur professionnel d'éléphants, s'y engouffra. Il remonta le fleuve jusqu'à sa confluence avec le Mago. L'entreprise fut moins simple que prévue. Le jour de l'an 1896, l'un de ses hommes fut enlevé par un gigantesque crocodile, funeste préalable à ce qu'il advint dix jours plus tard : Neumann en personne fut pratiquement mis en pièces par un éléphant furieux. Il n'en demanda pas plus et, après deux mois de souffrances et de convalescence, il abandonnait les rives du lac Rodolphe. Cette même année cependant, un autre voyageur s'était élancé sur les traces de Teleki : l'Américain Donaldson Smith. Parti de Somalie, il s'était frayé un chemin, l'arme au poing, à travers les territoires des belliqueux Borana jusqu'au lac Chamo, et était arrivé en vue du lac Stéphanie. Après en avoir méticuleusement relevé les contours, il s'était dirigé vers l'Omo, bien décidé à vérifier s'il s'agissait du Nianam dont parlait Teleki. Il en suivit le cours sur plus de cent kilomètres. Après l'agglomération de Karo, comme le fleuve se rétrécissait progressivement jusqu'à devenir un torrent furieux d'une vingtaine de mètres de large, il en déduisit que les sources ne pouvaient être loin... voire juste au-delà de la chaîne de montagnes qui enserrait la vallée. L'explorateur tenait sa réponse : le Nianam ne pouvait être que l'Omo. Cette certitude ne l'empêcha pas, alors qu'il cherchait une voie de sortie dans le labyrinthe de marécages qui marque la confluence de l'Omo avec le Mago, de remonter par erreur le cours de ce dernier, trompé par l'étroit méandre que trace l'Omo en ce point vers le sud-ouest. Loin d'être élucidée, l'affaire s'opacifiait de plus en plus !

L'Omo restait l'ultime énigme du continent africain. Tel était du moins l'avis d'un officier de l'armée italienne nommé Vittorio Bottego. De constitution robuste, de caractère plutôt téméraire et déterminé, ce dernier possédait d'excellentes connaissances en botanique, en zoologie, en géologie et en cartographie. Ayant déjà fait ses preuves sur le terrain lors d'un précédent voyage d'exploration aux sources du Jubba, sa proposition de résoudre une fois pour toutes la question de l'Omo suscita immédiatement l'attention. Ses idées étaient très claires. Il avait l'intention de gagner le cours du fleuve à l'endroit précis où Borelli l'avait quitté plus de quinze ans plus tôt, et de le suivre jusqu'à l'embouchure, où qu'elle fut. Ainsi, le 12 octobre 1895, cette nouvelle expédition, forte

Vue sur le fleuve Omo et la savane depuis Korcho, un village karo installé sur la hauteur, ce qui permet aux habitants de surveiller les alentours.

d'une centaine d'hommes et de cent soixante bêtes de somme, quittait le littoral désolé de la Somalie méridionale pour s'aventurer à l'intérieur des terres. Six mois plus tard, la colonne parvenait au lac Abaya, l'un des sept bassins naturels qui constellent le fond de la vallée du Rift éthiopienne. Une reconnaissance très soigneuse exclut l'hypothèse selon laquelle le lac Abaya, baptisé par ses soins lac Margherita Bottego, ait eu un quelconque rapport avec les eaux de l'Omo. Il ne restait donc plus qu'à poursuivre à travers les inaccessibles montagnes qui se dressaient à l'ouest. À mesure que la caravane pénétrait dans les hautes terres, les manifestations hostiles des Abyssins allaient croissant. Bottego l'ignorait, mais les troupes italiennes avaient subi la cuisante défaite d'Adua tout juste trois mois plus tôt. Les commandants de l'armée éthiopienne basée aux confins du Kefa étaient ouvertement hostiles aux étrangers, qu'ils attaquaient sans trêves, faisant des morts et des blessés des deux côtés. La disproportion des forces en présence ne laissa bientôt plus de doute sur la situation, qui apparut comme désespérée. Sans se laisser décourager, Bottego poursuivit vers son but à marche forcée, et eut sa récompense : le 29 juin 1886, l'Omo, majestueux et sauvage, apparut soudain derrière un rideau d'arbres. Les explorateurs ne purent cacher leur émotion, ainsi exprimée : « Nous restâmes là, stupéfaits, silencieux, à contempler cette vastitude inconnue que l'imagination, tant de fois et de mille manières, nous avait dépeinte, et qui maintenant s'étendait devant nous dans toute sa solennelle réalité. » Les relevés astronomiques confirmèrent la latitude de 6° 43', point à partir duquel le cours du fleuve était totalement inconnu.

Pour éviter les embuscades des Abyssins, Bottego décida d'abandonner les forêts du fond de la vallée pour grimper dans les montagnes. S'ensuivirent des journées épuisantes, auxquelles succédaient des nuits d'insomnie coupées d'escarmouches avec les indigènes. Enfin, après trois semaines de souffrances, les explorateurs se retrouvèrent devant une immense plaine herbeuse où, après avoir absorbé les eaux du Dinchia, l'Omo s'incurve nettement vers le sud. En suivant son tracé sinueux, ils arrivèrent à une zone marécageuse. Reproduisant l'erreur de Donaldson Smith, Bottego pénétra dans la vallée du Mago, pour s'apercevoir bien vite que ce torrent limpide et tumultueux n'avait rien à voir avec l'Omo. Une semaine plus tard, l'embouchure du fleuve était enfin découverte. Du haut d'une petite colline, le spectacle qui s'offrait ne laissait aucun doute : lentement, l'Omo s'épandait dans les eaux couleur jade du lac Rodolphe, l'actuel lac Turkana. « Dès lors, écrivit Bottego, le grand problème de la géographie moderne est résolu et nous avons accompli notre rêve. » Une excursion au lac Stéphanie voisin procura de considérables quantités d'ivoire. Pour avoir les coudées franches, Bottego dépêcha Maurizio Sacchi, l'un des trois lieutenants, à la base de Lugh en Somalie pour mettre ce butin à l'abri, mais il en alla autrement : en allant vers le lac Abaya, la troupe fut attaquée par une bande de brigands amhara, et Sacchi périt dans l'affrontement.

Bottego ne le sut jamais ; enivré par son succès, il avait souhaité porter sa mission à son terme. Avoir découvert que l'Omo se jetait dans le lac Rodolphe était un point d'importance, mais qui n'excluait pas l'existence d'un émissaire, peut-être relié au haut Sobat, et donc au Nil Blanc. La rive orientale avait été déjà explorée par Teleki, Neumann et Donaldson Smith, mais aucun d'eux n'avait mis les pieds sur la rive ouest. Le 5 novembre, l'expédition traversa donc le fleuve, large de deux cents mètres et profond à certains endroits de six mètres. Cette traversée demanda plusieurs jours. Laissant derrière lui les derniers villages dassanetch, Bottego contourna le lac jusqu'à l'embouchure de la Turkwel, à la hauteur de l'actuelle cité kenyane de Lodwar. La recherche d'éventuels défluents s'avéra infructueuse. Aucun fleuve ne ressortait du lac Rodolphe. Fort de ce nouveau succès, Bottego choisit de repartir vers le nord par Sobat et le cœur de l'Empire éthiopien. Ce choix lui fut fatal. Sur la route d'Addis-Abeba, la caravane fut écrasée par les Abyssins. Bottego succomba dans la bataille tandis que ses deux compagnons, Vannutelli et Citerni, étaient capturés. Libérés après quatre-vingt-dix jours, ils réussirent miraculeusement à regagner l'Italie sains et saufs. Leurs mémoires fournirent pour la première fois des informations fiables sur les populations, la géographie, la faune et la flore de cette région. Les secrets de l'Omo étaient désormais dévoilés.

Ci-contre. Le visage de ce guerrier dassanetch d'Omorate exprime la dureté des conditions de vie dans cette région.

Double page suivante. Assis sur le sol de terre battue dans la hutte familiale, ces Karo, attentifs à ce qui se dit au-dehors, attendent que cuise le repas sur le foyer installé à l'intérieur, malgré la chaleur ambiante.

Pages 48-49. Dans les environs de Kormu, ces enfants surma incendient les broussailles, phase préparatoire à l'établissement d'un champ de sorgho. Riches en sels minéraux, les cendres de ces brûlis fertilisent les sols depuis des millénaires.

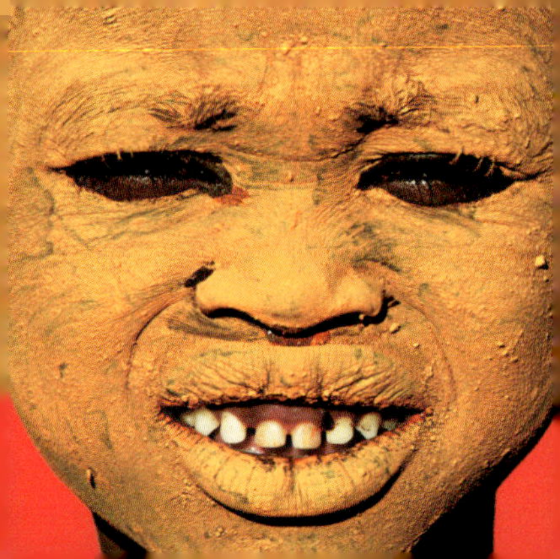

HÉRITIERS DU DIEU TUMU

LES SURMA D'INNOCENTS GUERRIERS

[PAOLO NOVARESIO]

LES SURMA
D'INNOCENTS GUERRIERS

TOUT EN HAUT, PERDU DANS LE CIEL BLEU SOMBRE, SE TIENT TUMU, LE DIEU SUPRÊME, CELUI DONT DÉPENDENT LES PLUIES QUI, SOUDAIN, EMPLISSENT LE LIT ASSÉCHÉ DES RIVIÈRES ET QUI INSUFFLE UNE VITALITÉ NOUVELLE AUX CHAMPS ET AUX BÊTES ASSOIFFÉES.

Tumu est si loin, si mystérieux ! Ni chants, ni invocations, ni prières ne lui sont adressés. On ne peut le connaître après la mort, qui est la fin de toutes choses. Pas plus l'islam que le christianisme n'ont de prise sur la vision pragmatique qu'ont de l'existence les Surma. Les ancêtres eux-mêmes restent indifférents au sort des hommes, aussi, si ces derniers se souviennent de leurs entreprises glorieuses, ils ne les vénèrent pas puisqu'ils savent qu'ils doivent se débrouiller seuls chaque jour de leur vie. Indifférents à toute religion, sans pouvoir politique organisé, ils vivent en autarcie, isolés dans leurs montagnes sauvages couvertes de forêts et de savanes.

Selon la tradition orale, les Surma seraient originaires de la région de l'Omo inférieur au nord du lac Turkana, même si leur langue fait plutôt penser à une ascendance nilotique. Ils se défendent vigoureusement de toute parenté avec les Mursi et les Meen, bien qu'ils partagent de nombreuses coutumes et qu'ils parlent la même langue qu'eux. En revanche, ils appartiennent au même groupe que les Bale, peuple de la région du fleuve Akobo, à cheval sur l'Éthiopie et le Soudan, mais s'en différencient par un point essentiel : le bétail. Les Bale, en effet, sont agriculteurs depuis des générations tandis que les Surma, pour être contraints à cultiver la terre eux aussi, se déclarent fièrement pasteurs. Une épidémie de charbon, dans les années soixante-dix, anéantit d'un seul coup tous leurs troupeaux, les réduisant à la misère. S'ils furent obligés de cultiver du sorgho et du maïs pour survivre, ils ne changèrent en rien leur système de valeurs, et continuèrent à considérer les bovins comme symbole de richesse, de noblesse et de statut social. Le commerce de l'or, qu'ils trouvent en assez grande quantité dans la région, leur permit de reconstituer leur cheptel et de découvrir, à cette occasion, que le métal jaune pouvait aussi servir à se procurer des armes à feu et des munitions au Soudan voisin, perpétuellement en guerre civile. Armés de fusils, comme il leur devint facile de se procurer du bétail ! Les razzias chez les Nyangatom, leurs ennemis de toujours, se firent plus nombreuses. Voici maintenant près d'une vingtaine d'années que les Surma sont en guerre avec ces voisins méridionaux. Attaques et mesures de rétorsion constituent la règle, avec ce que cela suppose de pertes en vies humaines des deux côtés. Parallèlement, le relatif équilibre qui existait avec les Dizi et les autres peuples voisins a basculé, faisant monter à un niveau dangereux les tensions intertribales.

Après avoir trempé les doigts dans une pâte de kaolin mouillé, ce guerrier surma — comme ses semblables — trace les lignes qui lui décorent le visage.

L'insécurité de cette région privée de moyens de communication a découragé le gouvernement d'y implanter quoi que ce soit. Bien que soumis à l'autorité de l'État en principe, les Surma jouissent d'une autonomie politique de fait. Ils ne payent aucun impôt, et s'autoadministrent sans aucune interférence extérieure. En vérité, le territoire surma n'a jamais été vraiment conquis. Annexé à l'empire d'Éthiopie en 1897, il passa sous domination italienne quelques décennies plus tard sans aucun changement. Le régime communiste de Menghistu n'eut pas plus de succès, si bien qu'aujourd'hui encore les villages surma ne sont accessibles qu'après des heures de marche par des sentiers envahis de végétation. Il n'y a pas de route, pas d'école, pas d'hôpital. Les montagnes comprises entre le cours du Kibish et l'escarpement qui domine la vallée de l'Omo comptent parmi les zones les plus reculées et les plus inaccessibles de tout le continent. Les pluies — près de six cents millimètres par an — tombent au printemps et en été sous forme d'averses violentes. Durant la saison sèche, les températures moyennes ne descendent jamais au-dessous de trente-trois degrés Celsius et, dans les bas-fonds infestés de mouches tsé-tsé, la chaleur est insupportable.

Protégés par cet environnement dur et peu accessible, les Surma ont conservé les traditions de leurs ancêtres. Le dernier recensement dénombre environ vingt mille individus, répertoriés sous le nom de Suri et divisés en deux sous-groupes, les Chai et les Tirma. La société surma est basée sur une organisation clanique, elle-même étayée sur le système des classes d'âge. Les tenants d'un même lignage, ou clan, ne sont pas obligés de vivre au même endroit, mais peuvent se déplacer à loisir et choisir le lieu de résidence qui leur convient le mieux, sans pour cela amoindrir la forte solidarité qui les lie et qu'ils manifestent surtout lors des cérémonies et dans les moments de crise. Des règles précises président à la distribution des biens successoraux. Les avoirs du défunt sont partagés entre ses fils en lots, dont l'importance tient compte de l'année de naissance des bénéficiaires. Les animaux les plus robustes et les biens les plus précieux, avec en premier lieu les fusils d'assaut, habituellement un kalachnikov ou un M-16, reviennent à l'aîné, les autres héritiers devant se contenter de vieux mousquets et du peu qui reste. Quant aux anciens, ces maîtres des rituels, ils jouissent d'un grand respect. On tient compte de leur avis, sans pour autant être contraints de s'y conformer car la liberté individuelle est, chez les Surma, une réalité. Ils n'ont pas de chefs. Leur système, privé de structure politique centralisée susceptible d'imposer une volonté coercitive, est dit par les ethnologues « acéphale » ou « segmenté ». La famille, avec femmes et enfants, est l'unité basique de leur organisation. Les hommes, généralement polygames, assument les tâches qui leur incombent loin du foyer. Ils défendent leur territoire, s'occupent des troupeaux parqués dans des enceintes construites à proximité des pâturages, parfois situés jusqu'à plus d'une journée de marche du village. La chasse aux petits et aux grands animaux est pour eux une source non négligeable de nourriture, aussi aller braconner jusque dans l'Omo National Park voisin compte-t-il parmi leurs pratiques habituelles. Les femmes s'occupent des champs et de tout ce qui se rapporte à la sphère domestique. Elles travaillent le cuir et façonnent de très belles poteries de terre cuite destinées à la cuisine, dont elles vendent le surplus au marché ou qu'elles échangent contre des denrées de première nécessité.

C'est dans la lèvre inférieure qu'est toujours inséré le labret.
Comme les plateaux rectangulaires, celui-ci est en balsa.

Leur indépendance économique et l'absence de règles morales précises leur laissent une certaine liberté. Le sexe avant le mariage étant pratique courante, les mères apprennent à leurs filles à s'orienter dans leurs affaires amoureuses et quels sont les moyens de contraception les plus efficaces. Chez les Surma, la beauté physique est de première importance. Tous prennent grand soin de leur aspect extérieur, accordant une place de choix aux peintures corporelles. Ainsi qu'il en va chez les Mursi, les colliers de verroterie et les bracelets métalliques sont, avec le labret, les objets obligés de la séduction féminine. Façonné dans du bois ou de l'argile, ce plateau est rond ou trapézoïdal, et peut atteindre un diamètre considérable.

Le goût des parures s'exacerbe à l'occasion des festivités données lors des récoltes, à la fin de la saison des pluies. Les hommes y font assaut de force et de virilité, s'affrontant à la perche en duels acharnés sous l'œil des jeunes filles qui, parmi eux, choisissent leur mari. Les familles se lancent alors dans des tractations qui peuvent durer des mois avant de s'accorder sur la date et sur la quantité de bêtes et de fusils de la dot. Les épousailles, qui scellent l'alliance de deux clans, sont célébrées par des chants, des danses et des libations de bière, et elles s'achèvent lorsque la jeune femme pénètre dans sa nouvelle cabane, construite par le mari. Alors, la tiédeur du soir s'étend sur l'univers originel et si fascinant des Surma.

[GIANNI GIANSANTI]

LES SURMA
À KORMU, UN VILLAGE HORS DU TEMPS

DERNIÈRE NUIT À KORMU. DEMAIN, NOUS REPARTIRONS. JE ME DEMANDE SI NOUS REVERRONS CES GENS. VOILÀ UN GENRE DE QUESTIONS QUI NE M'EST PAS HABITUEL. ICI, LE TEMPS NE S'ÉCOULE PAS COMME AILLEURS MAIS SE COLORE D'ÉMOTIONS DONT L'INTENSITÉ EST À LA MESURE DE CE QUE L'ON VIT.

Il y a cinq jours que nous sommes avec eux. Cinq jours que nous partageons leurs maisons et que nous vivons au rythme de leur monde oublié : cela altère largement la perception normale du cours des choses. Demain, nous repartons, et j'aimerais pouvoir leur offrir un souvenir, une expérience, une émotion, en échange de l'hospitalité reçue. En somme, rien qui se puisse acheter au marché...

C'est une nuit de lune. La lumière suffit juste à dessiner les silhouettes. Le reste ne se distingue pas dans l'obscurité. Hier, les enfants de Kormu m'ont vu sélectionner des photos numériques sur l'écran de l'ordinateur. Ils étaient abasourdis. Un spectacle qui ne doit pas être réservé à quelques-uns, mais partagé avec tous, pensai-je. Serait-ce le cadeau que je cherchais ?

Fassil m'aide à parler avec le chef du village et à lui faire comprendre que ce soir, après le dîner, j'aimerais avoir les enfants autour de ma table. L'invitation suscite curiosité et agitation. Le dîner est bref et silencieux. Nous parviennent les bavardages des Surma, qui restent à quelques mètres de nous, sans approcher pour voir, toucher et nous poser un tas de questions comme ils le font d'habitude. Dans le noir presque total qu'illumine seulement le halo de lumière des lampes du camp, ce ne sont que des voix sans visage venues d'on ne sait où... Ces chuchotements sont-ils ceux de qui ne veut pas déranger ou, plutôt, ceux de qui attend en espérant bien voir ? L'attitude de ces gens est de respect. Il suffit d'un signe pour que, soudain, ces voix aient un visage, sans pour autant que l'on puisse distinguer les mouvements des corps à qui elles appartiennent. Il n'y a pas que les enfants. En fait, tout le village est venu ! Le père du chef s'assied près de moi et me demande, avec son regard habituel, sa cigarette habituelle. Entre nous, les mots sont inutiles. Dans les cinémas à ciel ouvert, il est permis de fumer. La scène ne manque pas de piquant... D'un côté, il y a tous les habitants d'un village surma, bruyants, agressifs, batailleurs de nature, réunis autour d'une table pliante face à l'écran d'un ordinateur portable, en train de regarder mes photos sur fond de musique. Des Surma qui rient, qui soupirent, qui, incrédules, se cachent le visage dans les mains de stupeur, voire de peur, lorsque, la projection achevée, des personnages de dessin animé dansent sur l'écran. De l'autre côté, il y a nous, que les photos n'étonnent vraiment pas mais qui profitons d'un autre spectacle, celui des yeux brillants, des dents éblouissantes de blancheur — ou du moins qui apparaissent telles par contraste —, de mains portées aux visages, de noir qui

Encouragés dès le plus jeune âge à imiter les adultes, les enfants surma s'enduisent corps et visage de pâtes calcaires diversement pigmentées selon des contours d'une extrême fantaisie. Fleurs, fruits et rameaux complètent parfois les parures.

se teinte de bleu par la magie de l'écran, de voix stridentes jusqu'à l'impossible, qui rient, qui hurlent, qui commentent, qui reconnaissent les Mursi, qui confondent les Hamar et les Banna, qui s'amusent aux dépens des Dassanetch et qui se moquent des Arbore, allez savoir pourquoi ! Ils sont heureux, ils rient tous, sauf le chef des gardes. Depuis que la musique s'est déclenchée, il a pris un air soupçonneux et demande — ou plutôt ordonne — quelque chose à Fassil, qui éclate de rire et traduit : « Il dit que cela suffit et il voudrait savoir où se cache l'homme qui chante. »

Alentour, il n'y a que les abords d'un village hors du temps. Hors de notre temps occidental. Au-delà, l'obscurité. À l'heure qu'il est, les grandes artères des capitales européennes sont paralysées par la circulation.

De sa tour de guet improvisée, la sentinelle du village scrute la savane, prête à déclencher l'alerte en cas de mouvement suspect.

Par-delà le doux moutonnement des champs de sorgho, son regard embrasse l'horizon jusqu'aux sources chaudes de Magologni.

Welè Ghida, guerrier
de Kormu, se prépare
à quitter le village pour
un raid de reconnaissance
dans les environs.

Rien ne vaut le camouflage d'une peau de léopard
pour se fondre dans les hautes et dures herbes
à éléphant et dans les sous-bois épineux.

Le sorgho, graine de la vie

L'or brun des Surma

Le sorgho est, avec le maïs, la plante vivrière des cultivateurs surma. Ces enfants commencent leur journée par en récolter les graines, que leurs mères accommoderont de diverses manières pour les repas de la journée.

Kormu

Au cœur

de la vallée de l'Omo

Composé d'une trentaine de huttes
circulaires aux épais toits de chaume
qui isolent des pluies
et des ardeurs solaires, le village
s'étend à flanc de colline, entouré
de lopins de terre cultivés en sorgho.
Une clairière légèrement ombragée
a été aménagée pour les festivités
et autres rassemblements.

Ci-contre. Paisible scène de vie quotidienne au village... Sur l'envers d'une peau de bête desséchée, les graines de sorgho sont étalées pour être triées avant d'être pilées, comme le mil ou le maïs. Elles sont ensuite mêlées à de l'eau, puis longuement malaxées en pâte sur une pierre.

Ci-dessus. Les graines de sorgho n'atteignent guère plus de 4 à 5 millimètres de diamètre. Lorsqu'elles sont pilées en fine farine avec des grains de maïs blanc et fermentées dans de l'eau, on en tire le *bordray,* boisson alcoolisée épaisse et blanchâtre, comme une légère semoule.

Très tôt associés à la vie des adultes, les jeunes garçons se voient confier quelques chèvres pour débuter leur apprentissage. Il leur faudra encore des années avant de satisfaire aux rites de passage qui feront d'eux des hommes, seuls habilités à la surveillance et aux soins des bovins.

Avec son labret de balsa et ses lobes d'oreille largement percés, cette femme surma représente une valeur enviable. En effet, la largeur de son plateau donne le montant de la dot versée à sa famille par le futur mari : selon les standards en cours, celui que l'on voit ici correspondrait à une soixantaine de bêtes. Comme toute Africaine, elle porte son enfant sur le dos.

Les labrets ronds
sont en argile, mais que l'on ne s'y
méprenne pas : si celui de la jeune
femme de gauche est fort petit, ce n'est
pas que sa famille demande
peu de bêtes à son futur époux,
mais qu'il est transitoire.
La lèvre, en effet, ne pouvant être étirée
d'un seul coup, il faut utiliser
des formes de plus en plus larges pour
parvenir à la dimension souhaitée.
Cette pratique, qui prend plusieurs
mois, est mise en œuvre dès qu'une
jeune fille est en âge de songer
au mariage.

Comme les adultes, les enfants se composent un visage
au gré de leur fantaisie… Pour obtenir le sien, ce garçon
a mélangé à l'ocre un peu de graisse animale, qui sert de liant
et permet que la pâte adhère bien à la peau.
Fleurs et fruits simulent souvent les pompons et autres
décorations dont ces peuples parent la tête des bovins
pour certaines fêtes et cérémonies.

Lorsque deux ou plusieurs personnes d'un village choisissent une même couleur, un même dessin comme parure de visage, c'est qu'ils sont liés d'amitié et qu'ils l'affichent. Ainsi en va-t-il de cet enfant et de celui de la photo précédente, tous deux visiblement dans la même classe d'âge.

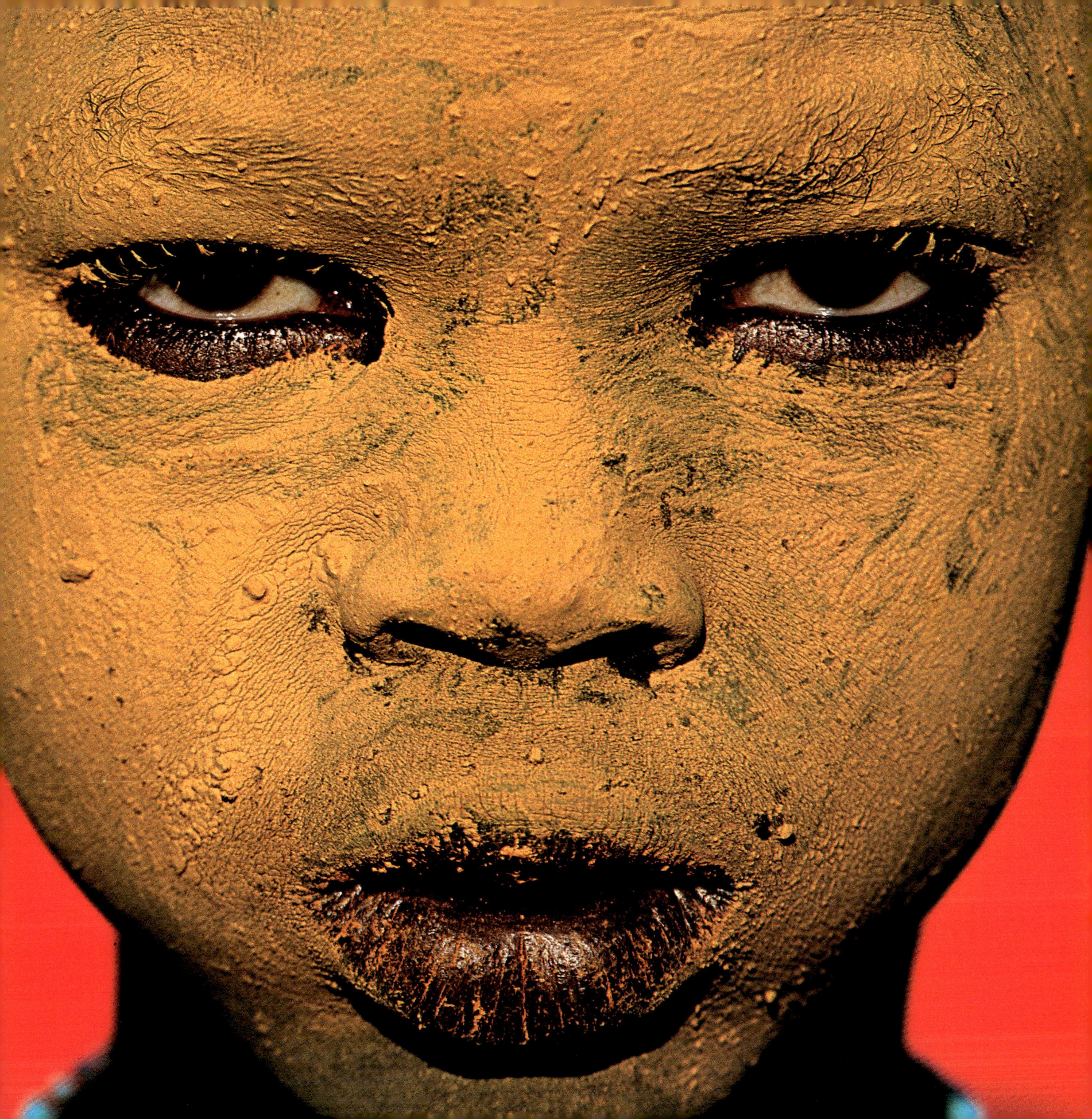

… COMME LES NOMBREUX COLLIERS DE VERROTERIE ET LES BRACELETS DE FER, LE LABRET FAIT PARTIE DES ATTRAITS FÉMININS.

Ci-contre. Selon le célèbre paléoanthropologue Richard Leakey, qui fouilla la vallée de l'Omo et le lac Turkana pendant près de trente ans, le plateau labial se portait déjà dans la région il y a cinq mille ans. Ce signe distinctif est-il un critère de beauté ? On ne sait. C'est en tout cas un critère de valeur, puisque de sa largeur dépend le prix à payer pour épouser la belle.

Page 83. Tous ensemble, les enfants du village de Kormu ont formé un long serpent sinueux. Ainsi accroupis, ils avancent en sautant au son d'une mélopée monotone.

Bien des décors faciaux se réfèrent aux bovins, comme ceux de ces enfants dont la coiffure ’argile, surmontée de deux plumes, figure les cornes ; les points d’ocre et de craie, quant à eux rappellent les couleurs de la robe de quelque vache favorite de leur famille.

Cicatrices et scarifications

Marques de vaillance

Ci-dessus. Les cicatrices qui valent à Wolletchibo la considération des autres guerriers surma résument toute la violence du *donga*, affrontement rituel où les combattants sont armés de longs bambous.

Une lame de rasoir et un stylet de bambou suffisent à cette femme surma, spécialiste du décor « en grains de riz » ainsi qu'on peut le voir sur le haut de son bras, pour laisser sur la peau les marques indélébiles. Pour cette opération minutieuse, que tout homme doit supporter sans broncher malgré la douleur qu'elle occasionne, la jeune Surma a ôté son labret.

Afin que les plaies se referment avec le relief voulu, il convient de pratiquer
des incisions circulaires qui, faisant se rétracter la peau, l'empêche de cicatriser « à plat ».
Des feuilles font office de tampons pour essuyer le sang.

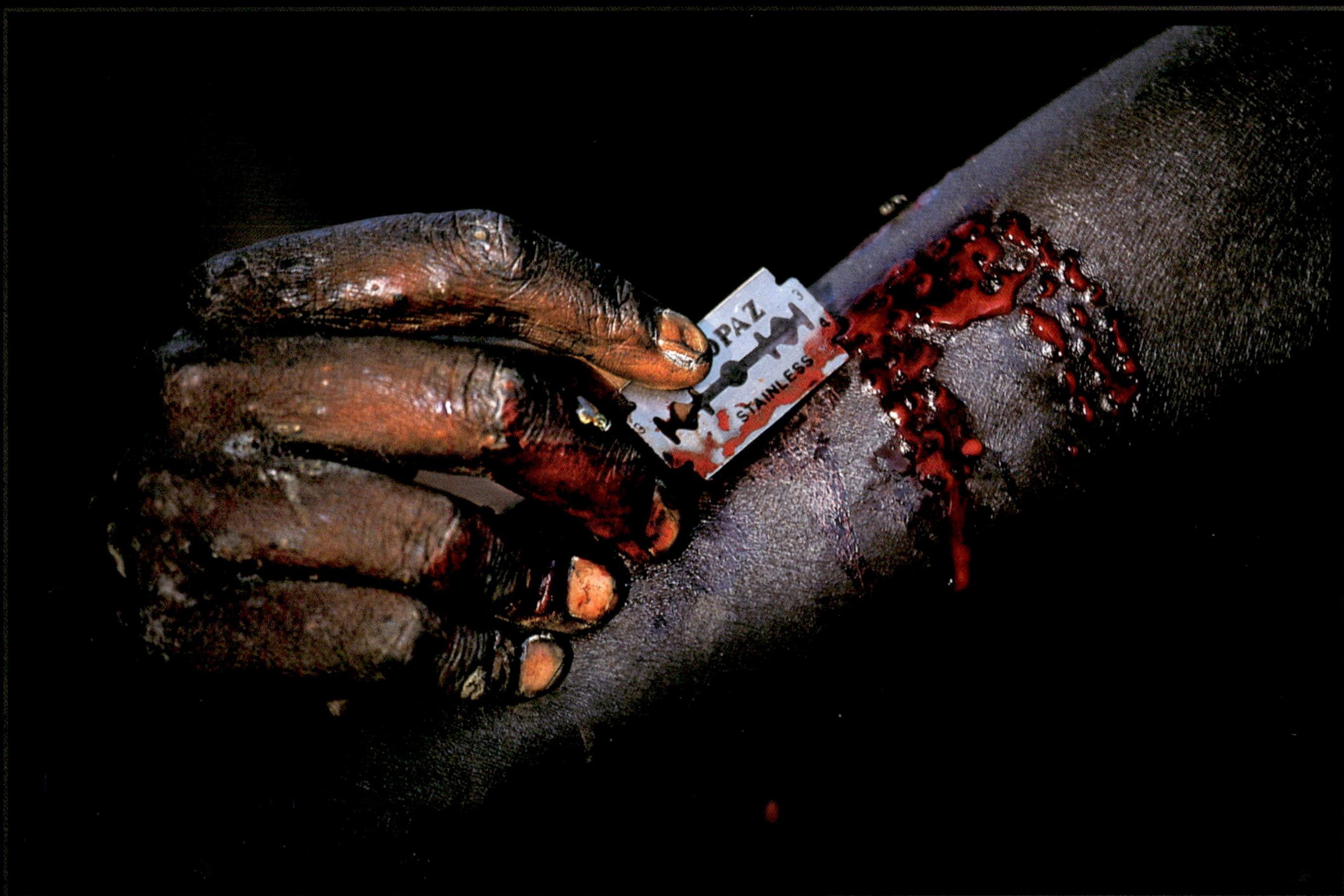
STAINLESS

L'époque qui suit les moissons
est celle des rituels de séduction
et des demandes en mariage, car les
greniers emplis de grains offrent du *bordray*,
boisson fermentée à base de sorgho,
et des aliments en abondance pour festoyer.
Les hommes rivalisent alors
d'imagination dans le tracé de leurs
décorations corporelles pour attirer
l'attention des belles.

Non loin de Kormu se trouvent des sources chaudes dites de Magologni, où les Surma passent des heures à se laver, à se coiffer et à se peindre mutuellement. Hommes, femmes et enfants y viennent par groupes, sans se mélanger entre eux.

Bien préparer la peau, en la lavant et en la frictionnant,
est à la base de tout décor corporel réussi.
On s'étrille à l'aide de racines et, faute de savon, d'eau
terreuse préparée dans des calebasses en guise
de bassines, comme le font ces enfants dans l'eau
chaude des sources de Magologni.

Magologni

Sources de beauté des Surma

De mémoire de Surma, ces sources chaudes aux berges de larges pierres plates et douces où il fait bon s'étendre constituent le salon de beauté rituel. Après le bain, ces hommes imaginent et recomposent leurs parures de craie, d'argile et de pigments.

Maîtres en peintures corporelles, les Surma consacrent de longs moments à cet art, qui revêt admirablement leurs corps longilignes et musclés. Pour tracer ces décors de craie, les hommes se montrent particulièrement inventifs et habiles. Ils en oublient même leurs armes à feu, qui aujourd'hui — malgré le peu de contacts qu'ils ont avec le reste du monde — ont remplacé les lances ancestrales. Bien que les signes tracés soient décoratifs avant tout, ils répondent à un code social dont le but est de séduire les femmes et d'intimider les éventuels ennemis. En cela, on peut dire qu'ils jouent un rôle protecteur.

Comme les peintures, la coiffure revêt une grande importance, aussi est-ce avec soin que ces fiers guerriers se coiffent les uns les autres. Ici, à l'aide d'une lame tranchante comme celle d'un rasoir fixée à l'index par un anneau, cet homme rase artistiquement le crâne de son compagnon, qui lui rendra ensuite la politesse.

Pour tracer ces lignes qui ressemblent à celles du bois, il suffit de s'enduire intégralement de craie mouillée puis, avant que cette dernière ne sèche, de tracer de longs sillons avec les doigts de manière à faire ressortir la peau brune. L'œuvre est ensuite parachevée à l'aide de divers pigments. Très jeunes, les enfants sont encouragés à participer aux activités des adultes, qu'ils apprennent à imiter.

Il suffit de pratiquer plusieurs entailles croisées à l'extrémité d'un bâtonnet et de redresser les « pétales » pour obtenir une corolle de bois léger. Il n'y a plus ensuite qu'à la tremper dans un pigment rouge et à l'appliquer délicatement pour laisser sur la peau tout un parterre de corolles.

Ce masque de pâte de
kaolin rappelle la découpe
du faciès des colobes,
singes à la robe noir et
blanc qui hantent ces
régions d'Afrique.
Bien des décors corporels,
en effet, sont empruntés
aux formes naturelles des
animaux et des plantes,
comme d'ailleurs
les corolles rouges
patiemment imprimées ici.

Rien ne vaut le culot d'une douille
d'arme à feu pour appliquer des cercles
parfaits sur la pâte de craie tout juste
sèche. Si la personne qui décore
le visage de cet enfant est une femme
— nommée Ghere Kara —, les hommes,
meilleurs experts en la matière,
ne dédaignent pas de peindre aussi
femmes et enfants.

Tracé à la pâte de pigments rouges à l'aide d'une esquille de bois en guise de pinceau, ce masque guerrier est destiné à intimider l'ennemi, ici les adversaires successifs au *donga*. La plupart des pigments sont issus de roches colorées, grattées à l'aide de lames, délitées dans l'eau, décantées et séchées jusqu'à devenir poudreuses.

Double page suivante. Les Surma d'un village perdu des environs de Tulgit célèbrent la cérémonie dite *zigroo*, qui a lieu lorsque la coupure effectuée sous la lèvre inférieure des jeunes filles à marier pour insérer le plateau d'argile est cicatrisée.

Ainsi qu'il est souvent
d'usage parmi les Surma,
ces jeunes garçons
boivent ensemble à la
même calebasse
le *bordray* festif, cette
onctueuse boisson très
fermentée à base
de farines de sorgho
et de maïs blanc.

Dans leurs plus beaux atours,
les habitants de ce village dansent et
chantent selon le rituel établi du *zigroo*,
ponctué de temps à autre du long
et lugubre staccato des kalachnikovs,
ces vieilles mitraillettes dont les
Soviétiques ont inondé les régions
déshéritées de la planète aux sociétés
traditionnelles belliqueuses.
Dans l'enthousiasme festif, les tireurs,
souvent ivres, oublient parfois
de pointer le ciel... et mitraillent la foule
de leurs semblables avec allégresse.

Lorsque l'entaille
pratiquée sous la lèvre est
cicatrisée, les premiers
labrets insérés pour
distendre progressivement
les chairs ne vont pas
sans tiraillements
et douleurs.

Appuyés sur leurs perches de combat, ces jeunes garçons de la première classe d'âge des guerriers assistent aux danses effrénées du *zigroo*. On peut imaginer qu'ils évaluent déjà les qualités des filles, supputant leurs chances d'obtenir quelque belle et bonne épouse…

Le sang

Précieux aliment de la vie

Comme les Massaï et autres peuples pasteurs de l'Est africain, les Surma ont un régime alimentaire adapté aux rudes conditions locales, à base de lait et de sang frais, seules sources de protéines animales. Les bêtes à cornes en effet, leur seule richesse, sont trop précieuses pour être mangées, aussi se contentent-ils de leur prélever périodiquement un peu de sang. Pour cela, ils décochent à bout portant une fine flèche dans la veine jugulaire de l'animal afin de faire couler généreusement le précieux liquide vital.

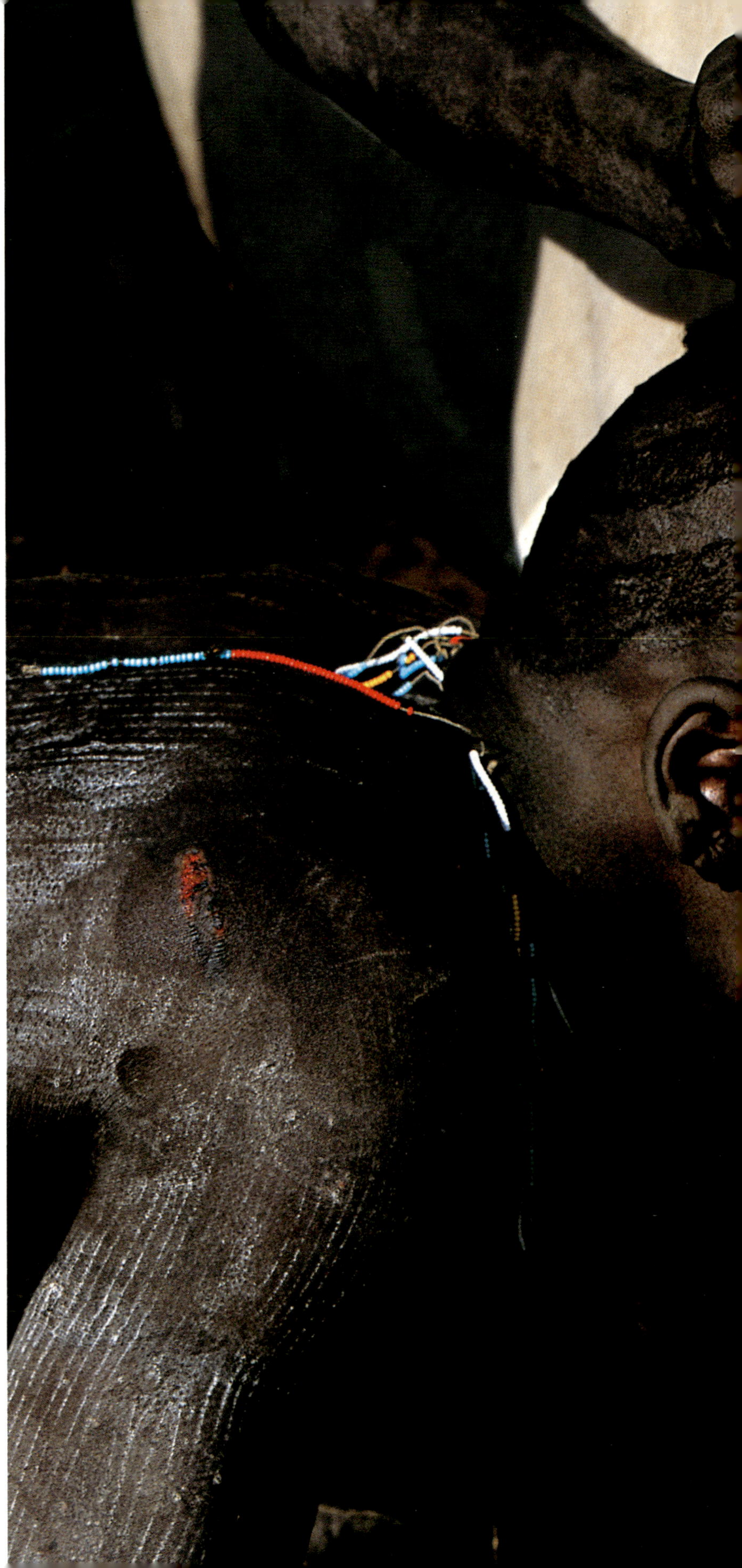

Un fin bâtonnet creux est inséré dans l'étroite blessure pour guider l'afflux du sang auquel chacun vient boire à tour de rôle

Il n'est jamais prélevé plus
d'une calebasse de sang
sur le même animal, pour
ne pas l'affaiblir.

Il suffit d'un petit tampon de pâte d'argile inséré superficiellement dans la plaie pour faire disparaître instantanément l'impressionnant jet de sang. Et la bête se sauve, heureuse de sa liberté recouvrée.

[GIANNI GIANSANTI]

LE DONGA
UNE JOUTE DE LONGS BAMBOUS

NOUS ALLONS VOIR, PHOTOGRAPHIER ET FILMER UN DONGA. IL PARAÎT QU'ON EN CÉLÈBRE UN À TROIS HEURES DE MARCHE DE TULGIT. D'AILLEURS, MIEUX VAUDRAIT SE HÂTER CAR IL EST DÉJÀ DEUX HEURES, ET LE DONGA — NON PAS LA JOUTE ELLE-MÊME MAIS CE QUI EN DÉCOULE — DEVIENT DANGEREUX APRÈS QUATRE HEURES DU FAIT DE L'EXCITATION GÉNÉRALE.

À ce moment-là en effet, les hommes armés de kalachnikovs commencent à boire, perdent rapidement tout contrôle et, dès qu'ils sont ivres, se mettent à tirailler en l'air. En plus, on dit qu'ils visent très mal. Nous sommes prêts... On y va ! Nous partons en voiture pour un trajet qui durera un quart d'heure, au cours duquel nous dépassons un groupe d'hommes surma qui nous demandent de les laisser monter. « Allez donc à pied, les enfants ! Ce ne doit pas être bien pénible pour vous qui y êtes habitués ! » répondons-nous. Ils ne se fâchent pas, et nous donnent même des poignées de main. « *Chally, chally* », disent-ils en souriant. L'un d'eux, un gaillard de deux mètres de haut à l'air distrait, portant une perche et de petites lunettes noires, rondes — à qui les aura-t-il volées ? — continue à nous saluer : « *Chally, chally...* » Un instant plus tard, la voiture s'embourbe et nous voilà, nous aussi, faisant tout ce trajet à pied sur des grimpées exténuantes à travers d'interminables montagnes. Nous en franchissons une, deux, trois, pour nous entendre dire à chaque fois que notre but se situe à la prochaine. Enfin, nous arrivons, mais il est plus de quatre heures et le *donga* est déjà bien avancé. Voici comment il se déroule : tout le village s'agglutine autour d'une arène où des hommes se battent au corps à corps et à coups de perche, chaque vainqueur défiant le combattant suivant, et ainsi de suite. De temps à autre, ils s'arrêtent et se mettent à chanter. Avant chaque défi, le chef du village donne ses instructions, quelques règles sans doute, ou peut-être une seule : ne pas tuer. Le vainqueur ne gagne pas de prix mais l'estime du village, l'étiquette de « brave » et l'approbation des filles, ce qui, ici, n'est pas négligeable...

Le tournoi auquel nous assistons n'est pas un spectacle pour touristes, mais un vrai *donga*. Tout le monde a déjà bien bu, l'atmosphère est tendue, le sang gicle partout et les coups sont d'une extrême violence. Autour, ce ne sont que hurlements de douleur et encouragements. Des visages ensanglantés et des regards furibonds me menacent chaque fois que je fais mine de lever mon appareil photo. Le cercle des spectateurs recule pour éviter les coups perdus lorsque les combattants s'approchent trop. Bruit, coups de bâton, kalachnikovs, menaces, sang, hurlements, douleurs, regards sauvages, chaos. Et soudain, tout se fige dans un silence de mort. Foule et combattants se retournent. Sur le chemin avancent les gens d'un village voisin venus pour

Lors du *donga*, tournoi constitué de joutes à la perche qui mettent en présence les adversaires deux par deux, la violence des affrontements contraint les participants à se protéger la tête, les genoux et les coudes avec des casques et des coquilles de leur fabrication.

les défier. Ils sont disposés en triangle. En première ligne vient l'homme aux petites lunettes et au regard distrait que nous avions rencontré et qui, maintenant, pourrait symboliser la fierté du guerrier. Ses gens se tiennent derrière lui : deux d'abord, puis trois, et ainsi de suite. Ils s'arrêtent juste quelques secondes et, tous ensemble, lèvent leur perche, joignant leurs voix en un seul cri : le signal du défi. On se croirait dans un film. Tout se déroule sur un mode et à un rythme étudiés qui sont ceux du cinéma. Rien n'est laissé au hasard comme dans la réalité. Au vacarme assourdissant suit le silence absolu, puis survient à nouveau le fier regard et le cri de bataille. C'est le défi d'un village à un autre village.

Le combat devient une affaire politique. Avant l'arrivée de ces étrangers, chacun se battait pour son honneur personnel. Désormais, ce sera pour celui de la communauté tout entière. Sous l'égide de leur chef, les nouveaux adversaires sont victorieux. L'un d'eux est porté en triomphe, et tous recommencent à boire, à chanter, à danser, à tirailler. Une atmosphère qui devient rapidement trop dangereuse pour nous. Nous nous éclipsons. Sur la route du retour, les voix des hommes et les claquements répétitifs des kalachnikovs nous parviennent pendant un moment encore, et puis plus rien… Devant nous, seul demeure l'enchaînement interminable des montagnes.

Dûment protégés, donc prêts pour le combat, ces hommes ont pour la plupart entre seize et trente-deux ans, ce qui correspond aux deux classes d'âge des guerriers. Ces joutes périodiques entre habitants d'un même village ou de villages alliés ont lieu dès la fin de la saison des pluies, lorsque bêtes et champs dispensent généreusement la nourriture. Elles servent d'exutoire à l'agressivité des jeunes gens qui, se défoulant ainsi, ne troublent ni la paix du groupe ni les alliances intertribales.

L'entraînement au *donga* suppose la même férocité que pour les combats officiels. S'il n'y a pas de règles et si tous les coups sont permis, il y a une manière de tenir la perche pour donner au geste l'ampleur maximale qui permet de frapper vite et fort.

Dernières secondes avant l'affrontement… Ce guerrier vérifie l'attache de son casque de fibres végétales enveloppées de cotons colorés. Sur sa poitrine sont dessinés quelques traits symboliques protecteurs. Chez les peuples de la lointaine vallée de l'Omo, en effet, tout est signe

Joutes féroces

Avec pour lances de longues perches

La foule des villageois et les participants encerclent l'aire défrichée spécialement pour le *donga* dans les environs du village. Armés de leur perche, dont l'extrémité est sculptée en forme de phallus, les combattants se mettent en place et, avec des mines féroces pour intimider l'adversaire, se testent par leurs premiers coups. L'excitation des débuts se mue rapidement en un enthousiasme forcené, et les coups portés avec acharnement provoquent souvent de graves blessures. Une règle absolue : ne pas tuer. L'auteur d'un homicide dans ce cadre est banni du village avec sa famille, qui doit en outre laisser une jeune fille aux parents de la victime en compensation de la vie prélevée.

Ci-contre. Tandis que le vainqueur attend l'adversaire suivant, le vaincu sort de l'arène avec les honneurs car le seul fait de participer aux joutes est signe de grand courage.

Ci-dessus. Couverts de plaies et de bosses, les belligérants éliminés assistent aux affrontements suivants qui se comptent par dizaines, jusqu'au final où ne reste que le glorieux vainqueur de toutes les joutes du *donga*. Porté en triomphe sur une claie de perches, ce dernier est présenté par ses pairs au groupe de jeunes filles à marier, qui choisissent celle d'entre elles qui le demandera pour époux.

FILS DU NIL

LES NYANGATOM CHASSEURS DANS L'ÂME

[PAOLO NOVARESIO]

LES NYANGATOM
CHASSEURS DANS L'ÂME

AVANT DE SE JETER DANS LE LAC TURKANA, SUR LA DERNIÈRE PORTION DE SON COURS, L'OMO TRAVERSE L'UNE DES RÉGIONS LES PLUS RECULÉES D'ÉTHIOPIE.

Sur les terres arides qui s'étendent par-delà la rive droite du fleuve vers les frontières incertaines du Soudan et du Kenya vit une population de pasteurs semi-nomades en perpétuel conflit. Au début des années trente, un rapport du Foreign Office britannique qualifiait ces savanes désolées d'« inutiles, improductives et impropres à nourrir quiconque », avec, à l'appui, une liste d'arguments convaincants tels que : « Il y a si peu d'eau que les pâturages sont inexistants, la chaleur y est étouffante et il n'y a aucune ombre, si bien que toute cette région n'est qu'une immensité de buissons épineux, d'herbe sèche et de plaines boueuses. » Moyennant quoi, les puissances colonisatrices se partagèrent ladite région lors d'un beau tour de table, sans tenir compte du fait que leurs lignes frontalières tracées à la règle sur les cartes géographiques se superposaient à une géométrie préexistante. Une invisible résille de parcours de transhumance, variant au fil des saisons, divisait en effet déjà tout ce pays en zones d'influences tribales. Les Occidentaux ignoraient aussi que l'accès à ce qui fut désigné sous le nom de Triangle de Llemi constituait pour les Turkana, les Toposa, les Dassanetch et les Nyangatom un impératif de survie. Une série d'accords coutumiers régulait les rapports des divers groupes ethniques, équilibrant ainsi plus ou moins les ressources. Ce fragile équilibre étant rompu depuis plus d'un demi-siècle maintenant, toute la région a progressivement sombré dans le plus total désordre. Les visées expansionnistes du Kenya et la guerre d'indépendance soudanaise jointes à l'afflux de quantités massives d'armes modernes ont joué comme autant de calamités qui plongèrent tout le Triangle de Llemi, agité de guerres continuelles, dans une meurtrière anarchie. Harcelés par la constante avancée des Turkana, les Nyangatom ont dû abandonner leurs anciennes voies de transhumance pour fuir vers le nord jusqu'aux confins de l'Omo National Park.

Ils sont quatorze mille individus environ, ces Nyangatom dont l'ethnie, d'origine nilotique, appartient à l'important groupe des Karamojong. Ils figurent sur la liste des peuples du Sud éthiopien sous les noms de Donyiro ou Dongiro. En Amérique, on les appelle Bumi. Ils sont venus du nord de l'Ouganda voici un peu plus d'un siècle pour s'établir entre le cours de l'Omo et celui du Kibish. Une étroite parenté les lie aux Turkana du Kenya et aux Toposa du Soudan. Ce sont des pasteurs qui élèvent des vaches, des moutons et des chèvres tout en pratiquant un peu d'agriculture. Sur les berges des fleuves, ils cultivent le mil, le sorgho et le maïs, qui constituent leur base

alimentaire et qu'ils agrémentent de compléments occasionnels non négligeables : miel sauvage et chair de crocodile. Les crocodiles de l'Omo, dont la longueur dépasse souvent les quatre mètres, comptent parmi les plus agressifs du continent africain. C'est avec un long harpon fixé à l'extrémité d'une sagaie que les Nyangatom les capturent depuis leurs rudimentaires pirogues taillées d'une seule pièce dans des arbres évidés, chasse très risquée qui requiert une exceptionnelle habileté.

La société nyangatom ressemble beaucoup à celle des Turkana et s'étaye sur l'échelle des générations. Malgré leur hostilité réciproque manifeste, ces deux peuples entretiennent d'étroites relations économiques : ils échangent du bétail, des produits agricoles, de la vaisselle ainsi que des poudres d'ocre et d'oxyde de fer destinées aux peintures corporelles. Les femmes des deux ethnies portent le même petit tablier pubien, un triangle de cuir caractéristique, souvent décoré de petites perles et de rondelles découpées dans des coquilles d'œuf d'autruche. Une peau plus longue leur descend assez bas dans le dos pour couvrir l'arrière des jambes. Elles se parent de grands colliers de verroterie, qui constituent pour elles le summum du charme et de l'élégance. Quant aux hommes, ils se couvrent à partir d'un certain âge la tête de la coiffe d'argile que tout Nyangatom se doit d'arborer et dont l'élaboration est un délicat travail de patience. Pour cela, ils s'appliquent sur les cheveux, couche après couche, un enduit de terre mouillée jusqu'à obtenir une calotte parfaitement lisse, et collent à l'arrière avant que cette dernière ne soit sèche une plaquette rectangulaire en bois ou en boyau de bœuf, sorte de réceptacle qui maintiendra en place la plume d'autruche qui, après application de teintures rouge et indigo, apportera la touche finale à ce couvre-chef élaboré. Outre sa valeur esthétique, cette coiffe sert à empêcher les parasites de se développer sur la tête. Les Nyangatom appliquent en effet certaines règles prophylactiques, ainsi qu'ils le démontrent encore dans la manière dont ils réalisent leurs scarifications. Comme les Dassanetch, les Mursi et les autres peuples de cette région, ils célèbrent le meurtre d'un ennemi ou d'un animal dangereux en se faisant verticalement sur le thorax une série d'entailles parallèles. Dans ces blessures ouvertes, ils insèrent des cendres mêlées de certaines substances végétales destinées à retarder la cicatrisation. L'intérêt est double : d'une part, cela permet la formation d'un gros bourrelet de chair qui met bien en évidence la scarification, constant rappel du fait d'arme accompli ; d'autre part, la lente cicatrisation des entailles pratiquées à l'aide d'épines d'acacia et autres instruments pas toujours très propres entraîne la formation d'anticorps qui, agissant comme un vaccin, évitent l'infection.

La certitude n'existe pas dans l'impitoyable univers des Nyangatom. On y vit dans le présent, sans savoir ce que demain réserve malgré tous les efforts des devins pour le lire dans les viscères des bœufs. Et pourtant, que de cérémonies, que de fêtes ! Les victoires guerrières, les razzias fructueuses, les mariages et autres événements sociaux sont célébrés au rythme des antiques *nidjeroi*, sortes de gros grelots de fer que les danseurs s'attachent aux coudes et aux genoux. Et ce peuple, si fort et si faible à la fois, affirme avec violence par ce puissant rythme ancestral la fierté de se sentir différent des autres. Les échos du message qu'il véhicule parviennent très loin, au-delà des rives du grand fleuve, jusqu'aux terres des Dassanetch, des Hamar et des Arbore.

Comme les femmes du peuple borana voisin, les beautés nyangatom portent d'innombrables colliers de petites perles qu'elles superposent en mariant harmonieusement les couleurs. Anneaux de fer et bijou de mento ici, une perle de corail — complètent les parures.

[GIANNI GIANSANTI]

LES NYANGATOM
LES LIGNES SYMBOLIQUES

DEPUIS MURULLE, OÙ NOUS AVONS ÉTABLI NOTRE BASE, NOUS NOUS SOMMES DIRIGÉS VERS LE TERRITOIRE NYANGATOM. NOUS VOULIONS TROUVER UNE EMBARCATION POUR TRAVERSER LE FLEUVE ET GAGNER L'AUTRE RIVE.

Lorsqu'ils furent informés de nos intentions, les guides karo qui ne nous avaient pas quittés de tout notre séjour à Murulle blêmirent et refusèrent catégoriquement de nous accompagner, épouvantés à l'idée de mettre les pieds en terre Nyangatom. *Bumi kill Karo, Bumi kill everyone,* « les Bumi [Nyangatom] tuent les Karo, ils tuent tout le monde. » Cette formule lapidaire expliquait leur refus. Zenabu me donna par la suite des explications un peu plus détaillées. Les Nyangatom sont un peuple de guerriers — ce qui n'a rien de particulièrement impressionnant dans une région où tous le sont —, mais ils le sont par excellence, et de la manière la plus féroce qui soit. Ils sont seuls à considérer tout autre peuple comme ennemi et à ne vouloir s'allier à aucun d'entre eux.

J'ai débarqué dans un de leurs villages par un bel après-midi d'octobre, sans embarcation, sans *ranger* et sans mes guides karo, omniprésents satellites jusqu'alors. Ce peuple nyangatom vit sur un territoire semblable à celui des Dassanetch, et frontalier de ceux des Surma, des Mursi et des Karo, auxquels ils font subir moult incursions et razzias implacables puisque leur guerre est... à perpétuité.

À les voir, ils ressemblent aux autres peuples chez qui je suis allé, à l'exception de certains aspects. Ainsi n'affichent-ils ni décorations particulières ni coiffures complexes, mais ils arborent sur la peau des scarifications, bien différentes de celles des Mursi, des Surma et des Karo, mais qui forment néanmoins d'harmonieux dessins, symétriques, légers et linéaires.

Je m'approche lentement de l'un de ces guerriers, dont le regard suit chacun de mes pas, chacun de mes mouvements. Par gestes et comme il peut, il me fait comprendre — grâce aussi aux quelques mots que j'ai appris de sa langue — que les scarifications de son corps n'ont aucun sens décoratif. Vanité et frivolité ne trouvent aucun écho dans la culture nyangatom. Ce sont des signes qui, entre autres, symbolisent le lignage des guerriers. Ensuite, ils font un trait chaque fois qu'ils tuent un ennemi, aussi plus les scarifications d'un homme sont nombreuses et visibles, plus grande est la considération des autres à son égard. Le sens de ces scarifications me fait penser à une phrase lue il y a quelques jours dans les *Contes de Kordofan*, de Leo Frobenius, et qui dit : « De mon vivant, j'ai tué quarante personnes. Lorsque je serai mort, j'en tuerai quarante autres. »

J'ai commencé à photographier les Nyangatom. Leurs corps, leurs kalachnikovs, leurs lignes, leurs thorax, qui expriment bien davantage que ne le feraient les quelques mots que nous pourrions échanger.

Scarifications et kalachnikovs font la fierté de tout guerrier nyangatom.

Je n'ai cependant photographié aucun visage, pensant sur le moment que les publier équivaudrait à dénoncer ces hommes du fait de toutes ces preuves de culpabilité qu'ils portent gravées sur eux. Ce sont des guerriers qui vivent dans des régions en perpétuel conflit selon leurs lois ancestrales, et je ne voudrais pas que mes photographies leur créent quelque problème que ce soit. Peut-être ai-je eu raison, peut-être non… Quoiqu'il en soit, je n'ai fait aucun portrait de Nyangatom ; j'ai juste photographié leurs thorax, qui symbolisent mieux que des mots ce qu'il y a à dire.

« De mon vivant, j'ai tué quarante personne. Lorsque je serai mort, j'en tuerai quarante autres », cette phrase est restée présente à mon esprit durant tout le reportage. Quand il fut temps de quitter ce village nyangatom, le premier homme que j'avais rencontré — et qui ne m'avait pas salué — s'est approché pour me dire au revoir. Un au revoir bien entendu fait de regards, de silence et d'une poignée de main. Tandis qu'il me regardait dans les yeux, j'observais son thorax. J'ai compté les lignes. Il y en avait treize. « Tous des ennemis ? » ai-je demandé. « Non. Il y a aussi des fauves », me répondit-il.

Ce jeune homme du village de Nyangadam exhibe fièrement ses scarifications. Chaque cicatrice commémore une victoire sur un fauve ou sur une personne extérieure à son groupe. Ce peuple belliqueux, toujours en guerre contre Hamar, Karo et Surma, perpétue tant de meurtres que ses guerriers n'ont bientôt plus assez d'espace sur la peau pour en consigner le fait d'arme.

Double page suivante. C'est au Soudan voisin que les Nyangatom achètent les vieux kalachnikovs soviétiques au prix de 300 birrs l'un, soit le prix d'une vache. Ces armes automatiques remplacent les anciens fusils de l'armée italienne qui occupa l'Éthiopie, fusils qui avaient en ces temps remplacé les lances, nettement moins meurtrières. L'apparition de ces armes à feu à répétition est un drame pour tous les peuples de cette région.

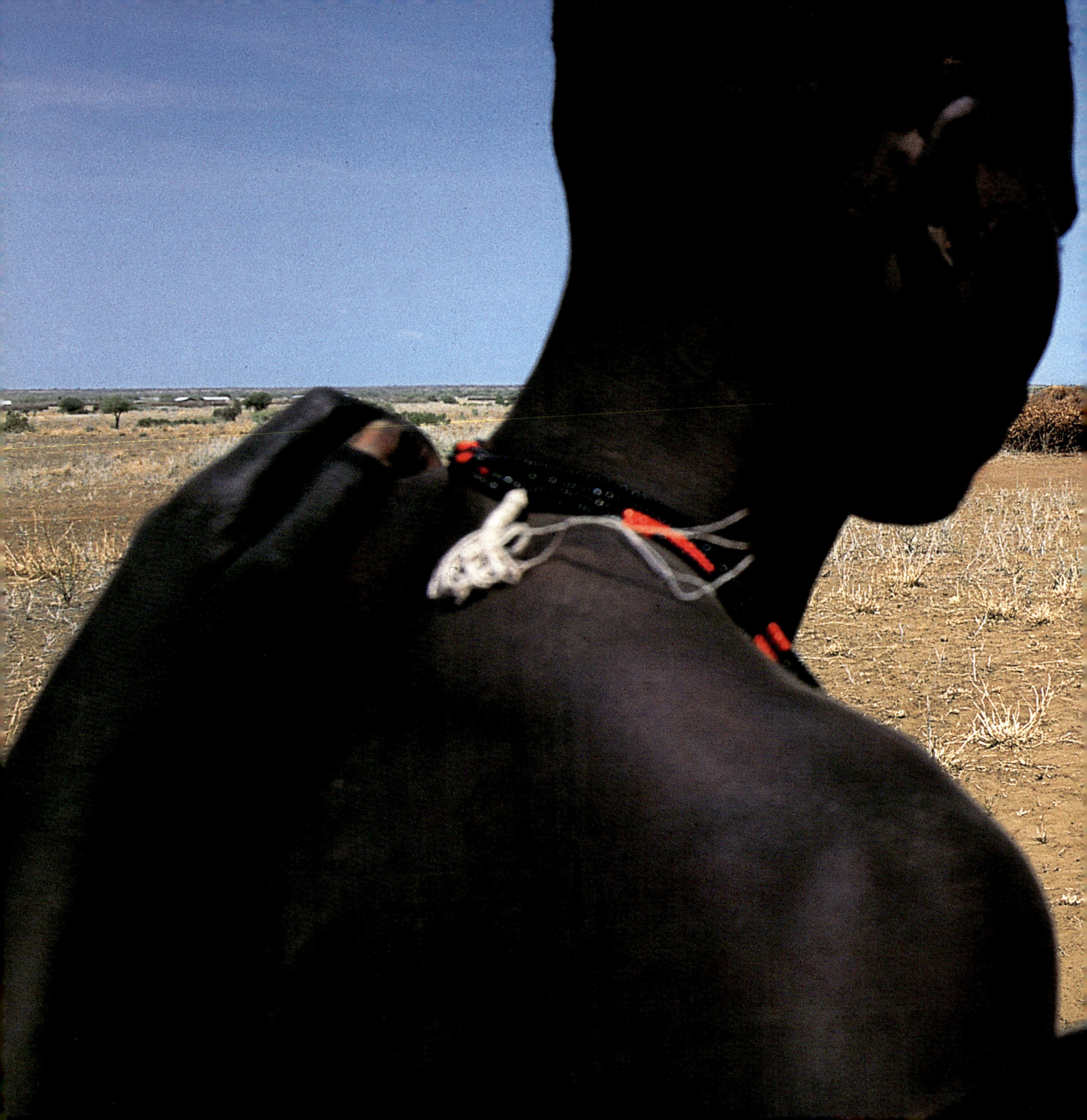

Viandes et maïs

Le repas du guerrier

Sur ce foyer extérieur à la case familiale, contrairement à la pratique des Surma, cette jeune femme nyangatom s'apprête à faire cuire la farine de maïs finement pilée qui constitue l'essentiel du repas.

Chasseurs émérites, les Nyangatom apprécient, on le voit ici, la viande de chevreau, l'une de leurs sources de protéines avec le crocodile, qu'ils traquent en pirogues sur le fleuve.

Le regard souvent halluciné de ces gens correspond à l'absorption continuelle des substances hallucinogènes du kat, dont les Nyangatom mâchent les feuilles en fer de lance du matin au soir.

SUR L'AMPLE BOUCLE DU FLEUVE

LES MURSI L'ART DU COMBAT

[PAOLO NOVARESIO]

LES MURSI
L'ART DU COMBAT

« BIEN QU'ELLES NE SOIENT PAS DE NATURE FÉROCE ET QU'ELLES SE MONTRENT MOINS BELLIQUEUSES QUE LES MONTAGNARDS, CES TRIBUS SAUVAGES ONT DES TENDANCES DÉTESTABLES ET DES HABITUDES BESTIALES. LEURS GUERRIERS CONNAISSENT SI BIEN LES BOIS QU'ILS N'ONT PAS LEURS PAREILS POUR TRAMER DES GUET-APENS... »

Voici en quels termes les rapporteurs de l'expédition Bottego décrivaient les Mursi (alors appelés Murzu), qu'ils avaient eu l'occasion de rencontrer durant leur descente vers le lac Turkana en août 1896. D'après les cartes dressées par Teleki et Donaldson Smith quelques années plus tôt, ce peuple aurait dû se trouver beaucoup plus au sud, par-delà la rive droite de l'Omo. En fait, une série de conflits entre tribus voisines et les migrations qui s'en étaient suivies l'avaient amené à s'installer au nord du grand méandre du fleuve avant sa confluence avec le Mago. Cette région de hauts plateaux et de collines culminant aux alentours de mille mètres d'altitude domine les plaines insalubres du Mago National Park, où la malaria et la trypanosomiase dissuadent toute colonisation permanente des vallées et des berges fluviales. Et cela d'autant plus que le surpâturage a transformé de vastes prairies en une épaisse brousse épineuse que ni hommes ni bêtes ne peuvent pénétrer. Dans ce cadre impitoyable aux ressources minimes règne une rivalité sans merci, la razzia étant l'unique stratégie de survie. Ainsi les Mursi — trois mille individus environ — sont-ils en état de guerre permanent avec les Bodi et les Hamar, eux-mêmes ennemis, et sous la menace constante des Nyangatom. Dans leurs combats, les morts se comptent chaque année par centaines.

Alliances, trahisons, incursions soudaines se succèdent sans répit suivant une logique qui désigne le dernier vainqueur comme la cible immédiate des autres. La situation d'antan a encore empiré depuis qu'aux lances et aux meurtrières armes blanches sont venues s'adjoindre les armes à feu, d'antiques mousquets datant de l'occupation italienne voisinant avec les plus sophistiqués des récents modèles à répétition. Si les touristes et leurs appareils photo sont tolérés, c'est seulement parce qu'ils représentent une source d'argent facile, extorquée sans trop de mal et qui permet l'acquisition d'armes et de munitions supplémentaires. Les Mursi sont de redoutables guerriers qui considèrent le meurtre, pourvu qu'il soit commis hors du cercle tribal, comme un fait d'arme digne d'honneurs. Chacune des scarifications voyantes en forme de fer à cheval qui ornent leurs membres représente un ennemi tué. Étant donné la violence qui règne dans cette région, les hommes les plus valeureux n'ont

Ce jeune Mursi, qui doit appartenir à la deuxième classe d'âge des guerriers à en juger d'après son physique, ne quitte jamais son AK-47 — un fusil d'assaut de l'ancienne armée soviétique —, garant de sa propre vie.

très vite plus de place sur les bras pour leurs lugubres décorations, qui bientôt gagnent toute la surface du corps. Ces hommes belliqueux font cependant une exception pour leurs voisins, les Kwegu, une petite ethnie de cultivateurs et de chasseurs avec qui ils entretiennent des relations non seulement paisibles, mais protectrices. Les Kwegu ne possèdent pas de bétail, mais ils en reconnaissent la valeur car il constitue chez eux — comme chez la plupart des peuples du voisinage — une part importante de la dot à verser en échange d'une femme. Ce sont donc les Mursi qui leur procurent les bêtes nécessaires ; ils vont même jusqu'à mener pour eux toutes les tractations de mariage, et assurent en outre la protection de ces « clients ». En échange les Kwegu, qui se sont arrogé le titre de « maîtres des pirogues », leur fournissent un certain nombre de denrées et de services : miel, gibier et transports fluviaux. Si, à première vue, les Kwegu semblent soumis à ces bienveillants tuteurs, la réalité, beaucoup plus complexe, s'articule sur un ensemble d'intérêts mutuels bien compris. Chacun des deux groupes joue en effet un rôle indispensable au bien-être commun, et tire de cette collaboration des avantages réciproques sans porter atteinte à son identité.

Jalouse de son isolement, impitoyable envers les intrus, la société mursi jouit d'une relative harmonie intérieure. Les désaccords et les problèmes sont discutés au cours de réunions animées, généralement tenues à ciel ouvert à l'ombre d'un grand arbre. Chacun peut dire son mot et développer son point de vue. L'habileté oratoire est si appréciée que les rassemblements finissent par se transformer en véritables spectacles d'art dramatique où la rhétorique est reine. Le mot de la fin revient aux anciens, révérés pour leur expérience et leur sagesse.

L'exubérance des jeunes gens, impatients de démontrer leur virilité, trouve un exutoire dans les duels entre classes d'âge prévus plusieurs fois par an. Le *donga*, joute à la perche également pratiquée par les Surma, est le plus célèbre de ces tournois. La foule entoure le terrain de terre battue au centre duquel s'affrontent les participants, armés d'une fine perche de bois dur de plus de deux mètres de long et dont l'extrémité est sculptée en forme de phallus. D'épaisses bandes de coton leur protègent la tête et le cou, tandis que des corbillons de fibres végétales leur couvrent le dos des mains, les coudes et les genoux. Le but n'est pas de tuer ou de blesser, mais de prouver son agilité, sa dextérité. Non qu'il n'y ait dans ces combats ni risques ni sang versé, mais les blessures infligées ne sont jamais mortelles. D'ailleurs, en cas d'homicide, même involontaire, la sanction est terrible, sans appel : exclusion définitive du village après confiscation des biens. Le tournoi se déroule par éliminations successives de dizaines de concurrents, et le vainqueur est porté en triomphe jusqu'aux limites de l'arène où l'attend un groupe de jeunes filles parées pour la fête. L'une d'elles le choisit pour époux.

Les déformations physiques que s'imposent les femmes mursi pour porter leur large labret sont aux yeux de leurs hommes des signes d'élégance et de prestige. Pour ménager l'espace nécessaire à l'installation du disque de bois ou de terre cuite, il faut extraire les incisives inférieures, une opération douloureuse exécutée à l'aide d'un ciseau rudimentaire. Outre l'étirement excessif des tissus, cette pratique rend la parole difficile et gêne les fonctions physiologiques normales, comme boire et manger. Le plateau mesure parfois vingt centimètres de diamètre, bien que la coutume aille en déclinant.

Comme chez les Surma, les jeunes femmes mursi portent le labret, ce plateau d'argile qu'elles façonnent elles-mêmes pour l'insérer sous leur lèvre inférieure.

La tradition du percement des lèvres pour y insérer des formes décoratives est répandue dans bien des régions d'Afrique mais, avec les Sara-Kobo du Tchad, les femmes mursi sont les seules à utiliser de si gros objets. On a cru pendant un temps qu'en défigurant les femmes le labret diminuait leur valeur marchande, les protégeant ainsi des chasseurs d'esclaves. Si tel avait été le cas, les hommes aussi s'y seraient astreints. Cette théorie semble donc erronée, d'autant qu'il faut beaucoup de temps pour obtenir une telle déformation des lèvres : des mois sont nécessaires pour agrandir peu à peu le trou en y introduisant des disques de bois au diamètre toujours plus grand... Il eut fallu que les Mursi, repliés dans leur monde inaccessible, aient pu prévoir l'arrivée des trafiquants longtemps avant qu'ils ne se présentent. La vérité est, fort probablement, beaucoup plus simple. Les orifices du corps, pour de nombreux peuples africains, constituent des voies par lesquelles les esprits malins peuvent investir une personne, aussi en défendent-ils l'accès à l'aide de divers objets. Pourquoi alors ces objets à fonction spirituelle ne pourraient-ils être considérés comme des parures ? Pourquoi l'émulation et la volonté de se distinguer d'autrui n'auraient-elles pas amené peu à peu celles qui les portaient à augmenter le diamètre des plateaux jusqu'à ce qu'ils atteignent leur taille actuelle ? Quoi qu'il en soit, ce que notre regard occidental considère comme une abomination dépourvue de sens est aux Mursi motif d'orgueil et symbole de beauté.

[GIANNI GIANSANTI]

MURSI

UN FUSIL POUR PARTENAIRE

ALLER JUSQUE CHEZ LES MURSI N'EST PAS UNE AFFAIRE FACILE. IL FAUT DEUX BONNES HEURES DE VOITURE DEPUIS LE MAGO NATIONAL PARK, SUR UNE PISTE ÉVANESCENTE, FAITE DE MONTÉES ET DE DESCENTES IMPOSSIBLES, COUVERTE DE BOUE, DE BLOCS ÉNORMES À ESCALADER, LE TOUT NOYÉ DANS UNE VÉGÉTATION INEXTRICABLE DE RONCES, D'ARBUSTES ET D'ÉPINES.

Un bout de route qui est le royaume incontesté des mouches tsé-tsé. Portières et fenêtres fermées dans une voiture incandescente, nous leur livrons une guerre féroce, allant jusqu'aux coups de poing. Certes, nous en sortons vainqueurs, mais épuisés. Au village, la situation s'améliore peu. Je crois que, de toute la vallée de l'Omo, le peuple mursi est le plus agressif. Les visiteurs y sont littéralement pris d'assaut. C'est l'enfer. Lorsqu'on vient pour travailler, il faut s'armer d'une patience exemplaire, être sans cesse sur le qui-vive et savoir que l'on va vivre des heures extrêmement tendues. À peine descendu de voiture, on se voit entouré de gaillards de deux mètres de haut, entièrement nus et couverts de peintures primitives, de femmes à plateau hurlant tant qu'elles peuvent et d'enfants magnifiques qui se jettent sur le moindre bonbon, la plus minime bimbeloterie. C'est la tribu au grand complet qui se met à vous toucher, à vous palper, à agripper vos appareils photo. Contrairement aux autres peuples qui quémandent avec insistance, les Mursi, eux, exigent.

M'étant sorti à grand-peine de cette galère, je vois approcher un garçon au sourire moqueur, qui me demande quelque chose que je ne parviens pas à comprendre et qui donne à peu près ceci : « *Uat is yo nem, uer yu fom...* » J'essaye de me dégager, mais le garçon insiste en riant et, se désignant, ajoute : « *Kwolilingo.* » Il répète ensuite « *Uer yu fom* » et, en indiquant cette fois le sol des deux mains, « *Komba. Komba beri gud. Ye, beri gud, deng yu...* » Il répète quatre fois ces derniers mots, riant de plus en plus fort à chaque *deng yu.* Je finis par comprendre... Il me demandait quel était mon nom, d'où je venais et si je trouvais beau son pays. Je répondis donc à ces trois questions, et la conversation s'acheva sur un *thank you* et un éclat de rire. Je ris, moi aussi. Je ris pour avoir cru qu'il me demandait de lui offrir quelque chose, je ris de ne pas avoir compris qu'il cherchait à communiquer, par curiosité ou pour montrer son anglais, appris allez savoir comment !

Pendant ce temps, toute la tribu est engagée dans une interminable discussion avec Zinabu sur le prix à payer pour dresser nos tentes, pour les voitures, pour les gardiens et ainsi de suite... jusqu'à ce que tout recommence au début. Kwolilingo m'apporte un cahier. Je l'ouvre et vois des dessins représentant des birrs. Il me montre le portrait d'un lion, dont il achève l'arrière-train pour mieux me l'expliquer. Il me désigne le profil d'un crocodile et indique le fleuve, puis il attire mon attention sur les birrs en comptant avec les doigts et en répétant de

uchés sur un malheureux arbre sec, ces enfants, postés en sentinelles, surveillent les abords du village d'Omomursi.

temps à autre une sorte de refrain : « *Komba ye beri gud. London, brrr* (il s'étreint des deux bras en faisant semblant d'avoir froid). *Lalibella, bbrrr* (il fait de nouveau semblant d'avoir froid), *Komba beri gud.* » Tous les Mursi, cependant, ne sont pas comme Kwolilingo. Ils se mettent constamment en colère et me rendent le travail impossible. À tout bout de champ, l'atmosphère devient si tendue que le *ranger* qui nous accompagne empoigne sa kalachnikov. Un jour et une nuit épuisants. Mais j'ai mes photos, et c'est ce qui compte.

Lorsque nous remontons en voiture pour reprendre la piste aux mouches tsé-tsé, Kwolilingo me montre une dernière fois son cahier, répète sa litanie et me salut avec son étrange *thank you* suivi d'un éclat de rire sonore. J'ignore s'il y a dans les parages une école, dont Kwolilingo serait sans doute l'unique élève, mais j'aime à penser que, si elle existait, ce jeune homme mursi — plus si jeune que ça d'ailleurs — marcherait pendant des heures et des heures à travers les montagnes sur des sentiers cachés, sans vêtements, sans chaussures, mais avec son cahier sous le bras, dormant même peut-être sous les étoiles pendant des nuits, puis revenant à son village (Komba) avec un dessin de plus dans son cahier et un mot nouveau à essayer sur le prochain touriste.

Komba, un village mursi.
Rassemblées sur une clairière
défrichée à l'intérieur d'une
barrière d'épineux, les habitations
mursi sont constituées d'une
structure de perches souples
disposées en demi-sphère,
soigneusement ceinturée
et recouverte, depuis le sol, de
couches successives de chaume.

Omomursi

Vivre au bord du fleuve

Ci-contre. Pour installer leurs villages sur les rives fertiles du fleuve, les Mursi en ont chassé d'autres peuples, aussi bien ennemis que parents ou amis. Il n'y a guère de place pour les sentiments dans cette région du monde où les bonnes terres sont rares et où la survie commande, faisant des alliés de la veille les ennemis du jour.

Doubles pages suivantes. Dans le soleil déclinant de la fin de journée, d'heureux guerriers se rafraîchissent dans le Mago, affluent de l'Omo.

Pages 192-193. Sous la protection d'une sentinelle, les femmes ramènent vers le village dans de grandes calebasses l'eau qu'elles ont puisée dans le Mago.

Ci-contre. Armés jusqu'aux dents,
par crainte sans doute
de sévères représailles,
les guerriers de Komba
surveillent les abords de leur village.

Double page suivante.
C'est à l'aide d'un couteau
dont la lame est aussi tranchante
que celle d'un rasoir que ces jeunes
guerriers mursi ont, en tondant,
tracé sur la robe claire de cette vache
les mêmes cercles et volutes que ceux
qu'ils dessinent, en pâte de kaolin,
sur leur propre peau.

Art mursi

Les greniers de vannerie

Les hommes de Komba
sont experts dans l'art de construire
maisons et greniers. Ces féroces guerriers
sont aussi d'habiles agriculteurs
qui cultivent millet, blé et maïs,
engrangés dès la récolte après la saison
des pluies.

Grandes et superbes vanneries aux parois doubles
pour mieux protéger leur précieux contenu,
ces greniers sont posés sur de courtes estrades
de piquets, qui les isolent du sol, et coiffés
d'une épaisse toiture de chaume.

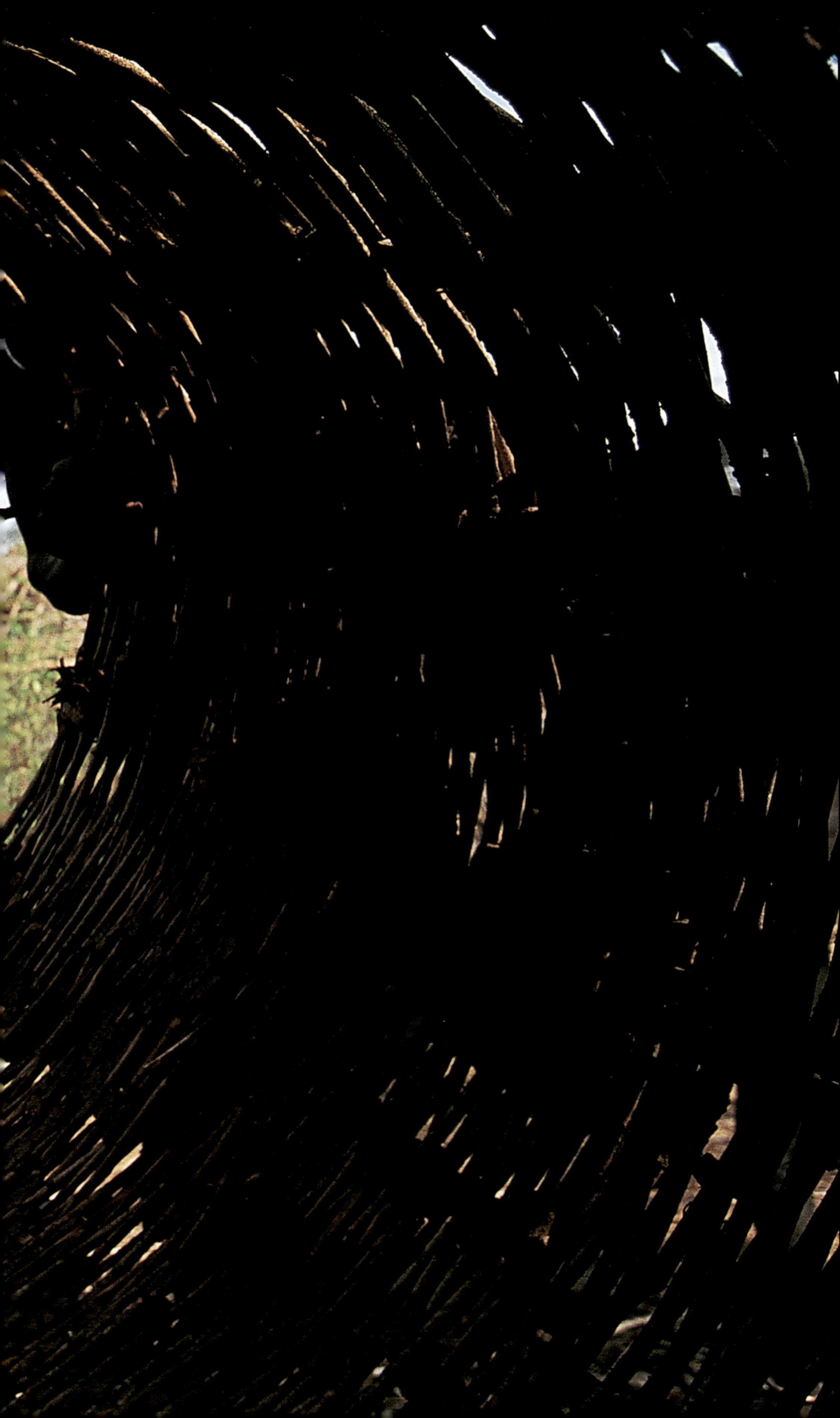

Ci-dessus. La construction d'un grenier mobilise tout le village. Ayant ici achevé le corps cylindrique de bois tressé de leur ouvrage, ces hommes le posent sur ses pilotis avant de le coiffer de chaume.

Ci-contre. Hissant les sacs à la hauteur du toit, qu'elles ont ouvert comme un couvercle, ces femmes déversent les céréales dans le grenier tout neuf.

Scène insolite

L'œil de l'étranger

Aussi curieux des voyageurs étrangers et de leur monde technologique que ces derniers le sont des coutumes locales, les Mursi — les enfants surtout — ont vite fait de comprendre tout l'intérêt des optiques qui rapprochent de ce que l'on veut voir.

Lorsqu'un événement réunit
tout le village, ne serait-ce que
pour une simple communication,
quelques guerriers bien armés
se postent en sentinelles à l'arrière
afin de ne pas être pris
au dépourvu en cas d'attaque
inopinée.

Une communauté solidaire

Le cercle de toutes les décisions

Les réunions se tiennent à l'instigation du chef du village, qui ne prend pas de décisions importantes sans avoir consulté la communauté.

Belliqueux...

toujours !

Les Mursi pratiquent le *donga*, tournoi de combats à la perche, avec le même acharnement que les Surma ; même s'ils se protègent moins — on le voit ici — pour l'entraînement, les coups portés sont aussi violents que lors des combats publics.

Les armes à feu sont aussi familières aux femmes que leurs ustensiles de cuisine. Celles qui ont la chance d'en posséder une ne s'en séparent jamais à l'instar des hommes.

Toujours prêts au combat

L'arbre aux fusils

À Komba,
chacun garde son kalachnikov à portée de main.
Ces armes meurtrières servent aussi bien
à chasser qu'à attaquer les villages d'autres
groupes pour y razzier le bétail, ceux des Hamar
et des Karo en particulier. Au cours des batailles,
il n'y a de quartier ni pour les hommes
ni pour les femmes.

Les peintures faciales tourmentées des guerriers, leur visage fermé et leur regard volontairement féroce font partie des techniques d'intimidation de l'ennemi.

Après avoir tracé, avec les doigts écartés,
les lignes et les volutes de leurs dessins de guerre
sur la pâte de kaolin dont ils se sont enduits,
les guerriers mursi se parent le crâne
de plumes aux couleurs éclatantes,
signe de courage et de virilité.

Si les dessins eux-mêmes ne semblent pas avoir de signification symbolique particulière, le seul fait de s'en parer, lui, répond à un code social et intertribal précis.

Comme la plupart des autres
peuples d'éleveurs de cette région d'Afrique, les Mursi
se composent des parures qui se réfèrent à leurs bêtes,
ainsi cette jeune beauté au visage encadré de cornes
de bovin. De toute évidence,
elle porte ici l'un de ses tout premiers labrets.
Au fil des mois, d'autres, de plus en plus grands,
le remplaceront.

Cette jeune fille au labret décoré de rayons, comme en portent la plupart de ses compagnes mu
arbore une lourde coiffure de cylindres de fer. Ces derniers sont généralement réservés au *siriga*,
de cache-sexe destiné à protéger la virginité des jeunes filles, qui le troquent contre un court pagne
une fois mariées.

ETHIOPIA 2003/04
"OMO VALLEY"

LOURDS BIJOUX DE FER ET LARGES LABRETS DE TERRE CUITE, PARURES DE PRESTIGE...

Les jeunes Mursi façonnent elles-mêmes leurs labrets.
Ils sont en terre, parfois teintés, comme ici, au charbon de bois. Le port de cet étrange plateau suppose l'ablation des incisives de la mâchoire inférieure, et parfois aussi celle d'autres dents.

Chez les Mursi, certains ont pour nom
les caractères dominants de leur bovin préféré
ou de celui qui, par sa robe, ses cornes ou son
allure, se remarque le plus.
Il n'est pas rare, alors, de voir l'intéressé
se parer des couleurs de la bête concernée.
C'est peut-être le cas de cet homme, qui s'est
enduit le visage de kaolin blanc
et de pigments de terre jaunes, auxquels il a
incorporé de la graisse animale afin de bien
faire adhérer le mélange à la peau.

Ces fastueux pendants d'oreille
ont été façonnés, comme les autres parures
métalliques, avec des tiges de fer aplaties
et recourbées en ressorts, à la régularité
remarquable.

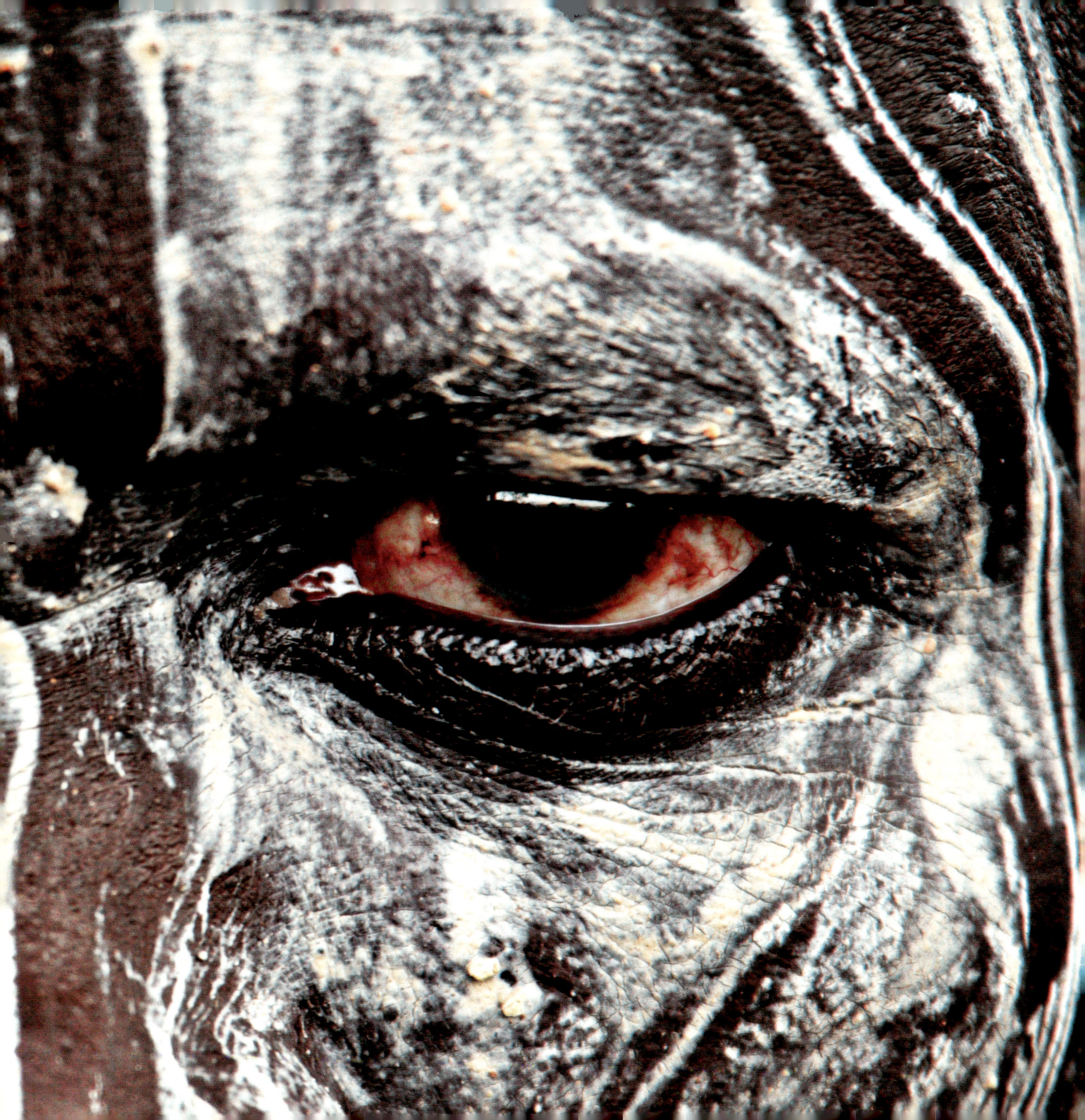

UN PEUPLE DE PASTEURS

LES BANNA DES PROFESSIONNELS DU RITUEL

[PAOLO NOVARESIO]

LES BANNA
DES PROFESSIONNELS DU RITUEL

LES BANNA, OU BANYA, VIVENT DANS LES ENVIRONS DE LA RÉGION MONTAGNEUSE SITUÉE ENTRE L'OMO ET LE WOITO. LEUR LANGUE, TRÈS SEMBLABLE À CELLES DES HAMAR ET DES BASHADA, EST COMME CES DERNIÈRES DE SOUCHE OMOTIQUE. Ces trois groupes présentent d'ailleurs de telles affinités qu'ils peuvent être considérés comme un peuple unique. En effet, leur patrimoine culturel, leur organisation politique et leurs stratégies économiques de survie sont pratiquement les mêmes. Les habitudes et les rites qui rythment leur vie quotidienne sont également fort semblables, sinon identiques. Il n'en va pas de même avec les Mursi et les Bodi, ethnies avec lesquelles ils entretiennent des relations faites d'une épuisante succession de guerres et de razzias de bétail.

Les Banna sont avant tout des éleveurs de bovins, de moutons et de chèvres. Ils cultivent le sorgho, le sésame et le maïs, qu'ils sèment au début de la saison des pluies. Mal entretenus, voire souvent abandonnés à leur sort, les champs donnent de misérables récoltes qui ne suffisent guère à nourrir les familles. Le miel des abeilles sauvages est l'unique production excédentaire des Banna, aussi l'échangent-ils ou le vendent-ils sur les marchés qui jalonnent leurs routes afin de se procurer le peu d'argent indispensable à l'acquisition de biens de première nécessité et d'ustensiles domestiques. L'absence cruciale de provisions alimentaires détermine leur extrême mobilité. Ils partent à la recherche de nouveaux pâturages sur de longues et difficultueuses voies de transhumance, la majeure partie d'entre eux menant une vie semi-nomade avec un type d'habitat adapté à leur fréquence de déplacements. Moins que des cabanes, ce ne sont que de simples abris constitués d'une armature de bois courbes maintenus ensemble, couverte d'herbes ou de nattes. L'enceinte à bestiaux est installée au centre du village, et gardée par les hommes de jour comme de nuit. D'un point de vue territorial, la société banna est scindée en deux grandes sections dont chacune est dirigée par un *bitta*, ou chef coutumier. Selon la tradition orale, à l'instar de certains clans, ces chefs descendraient d'un antique lignage des Ari, leurs voisins du nord, avec qui, en hommage à cette lointaine parentèle, ils entretiennent des liens fort étroits et amicaux. Les Banna, qui se vantent d'être liés par le sang aux Ari, se comportent en certaines occasions comme une tribu à l'intérieur de la tribu ; ils s'astreignent à suivre les coutumes de leurs cousins présumés, mais échappent à la circoncision contrairement aux autres jeunes gens du village, qui ne peuvent s'y dérober. Bien qu'elle soit souple, sans règles trop contraignantes, l'organisation sociale des Banna s'étaye sur le système des classes d'âge. Un système dans lequel la vie des hommes est rythmée par de nombreux passages, dont le franchissement confère à chaque fois davantage de respectabilité et de pouvoir au sein de la communauté. Tout en haut de l'échelle se trouvent les anciens, investis d'une autorité spirituelle particulière.

Aucun rite ne marque l'accession des filles au plein épanouissement de leur féminité et, qu'elles soient nubiles ou mariées, elles sont toujours reléguées dans une situation subordonnée. Le passage de l'enfance au premier stade de l'état adulte est en revanche une période essentielle dans la vie d'un garçon. Comme les Hamar, les Bashada et les autres peuples de la région, les Banna célèbrent l'événement par une série de rites initiatiques. Après le « Saut du taureau », point culminant de ces rites et ultime manifestation publique de courage et d'agilité, le jeune homme est enfin considéré comme un homme avec toutes les conséquences que cela implique, y compris le droit de se marier. Le rite demande une préparation longue et complexe dont les diverses phases incombent aux *maz*, jeunes déjà initiés. Le corps oint de beurre et le visage enduit de chaux et d'ocre, ces derniers se réunissent et commencent par absorber une infusion de café, boisson consacrée, libation qui prélude à la cérémonie proprement dite. Comme en proie à une frénésie collective, ils se mettent ensuite à frapper sans discontinuer les jeunes parents du futur initié avec de longues baguettes flexibles. Loin d'être simulés, les coups sont portés avec une telle force qu'ils laissent sur les malheureux de sanglantes blessures. Malgré tout, ceux-ci restent stoïques sous la torture car leur douleur est considérée comme une preuve de dévouement pour leur jeune parent. La préparation de l'arène où doit se dérouler le Saut du taureau proprement dit constitue la tâche la plus importante dont doivent s'acquitter les *maz*. Sur un vaste espace soigneusement déblayé, ces derniers amènent une trentaine de bovins qu'ils alignent flanc contre flanc aussi près que possible les uns des autres. Pendant ce temps, on remet à l'impétrant un court bâton en forme de phallus, le *boko*, afin qu'il l'insère dans un cercle formé par une série de bracelets de fer, simulant l'acte sexuel pour symboliser sa naissance à une vie nouvelle. Dès lors purifié et encouragé par ses compagnons, le garçon est prêt à affronter l'épreuve suprême : bondir sur le dos de la première vache et sauter en courant d'échine en échine jusqu'au bout de la file sans perdre l'équilibre et surtout sans tomber de cette précaire passerelle animale. L'exercice doit être répété quatre fois de suite, aller et retour. Une chute unique est de mauvais augure, mais elle ne comporte pas de sanction particulière car elle est attribuée à une cause extérieure au candidat, tels un souffle de vent soudain ou quelque ruade imprévisible. Répétée, elle s'assortit de conséquences irréparables : toute sa vie durant, le maladroit, moqué et méprisé par tout le village, fera l'objet de lourdes sanctions sociales. Exécuter correctement le Saut du taureau ouvre en revanche les portes d'un nouvel univers, sorte de période intermédiaire entre l'enfance et la maturité. Tel est l'état de *maz*, nimbé d'une auréole d'harmonie et de pureté. Les jeunes gens vont d'une habitation à l'autre, où ils sont accueillis avec des présents et des offrandes de miel, de café et de viande. Plus tard, c'est en chantant qu'ils remercieront ; c'est ainsi que par les nuits de pleine lune, dans le village silencieux, s'élève le vibrato d'une lyre dont les sonorités archaïques accompagnent leur poignante litanie.

Pour n'être pas belliqueux, ce peuple élégant aux parures de petites perles et aux vêtements vivement colorés n'en est pas moins bien armé, comme ce jeune homme, pour se défendre de ses nombreux et turbulents voisins et, à l'occasion, perpétrer quelque razzia de représailles.

[GIANNI GIANSANTI]

LES BANNA
EN DANSANT L'IWAGANDI

« DES BARS INSTALLÉS PRÈS DES BORDELS, DE LA MUSIQUE QUI JAILLIT À PLEIN VOLUME HORS DES BOUTIQUES ET DES CAFÉS POUR CAMIONNEURS », PEUT-ON LIRE DANS LE GUIDE LONELY PLANET SOUS L'INTITULÉ « SHASHEMENE ».

Nous sommes dans la vallée du Rift en direction du sud sur la Transafricaine, cette grande artère qui, coupant l'Afrique en deux, unit Le Caire au Cap. La journée est fraîche et limpide. Surprise ! la température ne dépasse pas vingt degrés Celsius alors que nous sommes à deux pas de l'équateur seulement. Des prairies où paissent vaches et chèvres surgissent, ici le volcan Zuqala, là-bas le Meki ; plus loin s'étendent les lacs Langano et Shala. Au carrefour de Shashemene, ultime avant-poste de toute perdition, nous quittons la Transafricaine pour nous diriger vers Sodo.

Après avoir traversé de grandes bananeraies, nous arrivons à Arba Minch, la ville aux quarante sources, juste à temps pour assister, depuis la splendide terrasse panoramique de l'hôtel Bekele Molla, au énième déluge qui s'abat sur les lacs Abajo et Chamo. À Arba Minch s'achève la chaussée goudronnée et débute la piste de terre, poussiéreuse et pleine d'embûches. À peine avons-nous pris la route, à l'aube, que survient le premier obstacle : une immense flaque de boue. Malgré les camions bloqués de l'autre côté, Paolo ne réalise pas l'ampleur du problème et tente la traversée. Nous nous enlisons immédiatement. Pour nous en sortir, nous tentons une, deux, trois manœuvres, sans d'autre résultat que de nous enfoncer plus profondément encore. En quelques minutes, l'eau s'infiltre par les portières et inonde l'intérieur de notre Toyota, qui s'incline à trente degrés, restant en équilibre précaire sur une butte. Nous risquons de nous retourner, ce qui compromettrait sérieusement la poursuite de ce voyage qui vient juste de commencer. Dans un concert de hurlements et d'éclats de rire arrive Zinabu au milieu d'une bande d'enfants. Viennent-ils pour nous donner un coup de main ou pour essayer de faire durer notre problème le plus longtemps possible afin de récolter davantage de birrs en remerciement de leurs services « désintéressés » ? Ils sont une vingtaine, avec de l'eau jusqu'à la taille, à pousser la voiture pour tâcher de la désembourber. Après une demi-heure de tentatives inutiles, un tracteur providentiel surgit d'on ne sait où. Son conducteur attache un câble au châssis du Toyota, qu'il extirpe de la mare en un rien de temps. Alors, les enfants couverts de boue reçoivent en silence le prix de l'aide apportée : deux birrs chacun. Enfin, nous repartons.

Nous franchissons le fleuve à la hauteur du marché de Gidole pour atteindre celui de Konso, nettement plus bariolé. Nous traversons les impressionnants terrassements caractéristiques de cette région pour amorcer la descente vers la vallée du Woito. Pour aujourd'hui, notre voyage s'achève à Hallatori, un village banna, et c'est sous la pleine lune que nous passons notre première nuit de camp au son des chants de la tribu.

Inondations… Malgré l'aide des habitants des villages alentour, dégager nos 4 x 4 des mares d'eau boueuse n'a pas été une petite affaire.

À l'aube, il tombe une pluie légère. Dehors, à deux pas de nous, des garçons sont arrêtés, comme en attente de quelque chose. Peut-être veulent-ils voir de quoi nous avons l'air puisque nous sommes arrivés de nuit et qu'ils n'ont pas encore bien pu nous détailler. Anyalem allume le feu et prépare le café pendant que Paolo et Zinabu parlent avec un Banna venu nous voir pour nous emmener jusqu'à son village, situé à deux pas. C'est un hameau d'une trentaine de personnes, auquel nous parvenons au terme d'une courte marche à travers les collines. Pour mon premier contact avec les habitants de cette vallée, je trouve ces Banna fort gentils et hospitaliers. Ils ont le regard aimable et le geste élégant. Ils habitent des huttes spacieuses devant lesquelles sont ostensiblement exposés tous leurs instruments aratoires. Chaque hutte a son enceinte et s'entoure d'un champ de maïs, luxuriant en cette saison.

Soudain, quelques garçons commencent à danser probablement en notre honneur. Ils dansent l'*iwagandi*, qui symbolise la cour que fait un homme à une femme. Au centre se tiennent les jeunes filles, qui sautent en se rapprochant des garçons ; chacun de ces derniers suit la compagne de son choix en exécutant des figures mimant l'acte sexuel. Ce rituel, qui dure plusieurs heures, s'achève presque toujours par l'accouplement. Bien sûr, l'homme qui nous a amené observe nos réactions, mais ce qui le préoccupe, c'est une plante gracile qui risque d'être piétinée par tous ces gens qui s'agitent dans l'enceinte de sa demeure. Pendant toute la danse, il la protège. Un instant de distraction suffit cependant à provoquer le désastre : quelqu'un a marché sur la fine tige qui ploie vers le sol. Délicatement alors, l'homme la prend entre ses mains pour tenter de la redresser, sans succès. Il essaye à nouveau, mais elle retombe encore, alors il lui met un petit bâton en guise de tuteur. Geste insignifiant pour un bel acte d'amour, un hommage à la vie, comme le célébreront les jeunes danseurs banna au terme de leurs danses.

L'Iwagandi
Courtiser en dansant

L'*iwagandi*, ou « danse de la nuit »,
est un rite amoureux. C'est en effet au cours
de cette chorégraphie joyeuse et endiablée,
qui réunit la jeunesse du village,
que se choisissent jeunes gens et jeunes filles.

Très hospitaliers, les Banna improvisent sans se faire prier un *iwagandi* pour faire plaisir à leurs visiteurs.

Tout en dansant, jeunes garçons
et jeunes filles s'approchent
du partenaire choisi, qui marque
son accord en faisant ensuite
de même. Le rythme s'accélère,
le ton monte, l'euphorie gagne,
et les danseurs flirtent ainsi
jusqu'au cœur de la nuit, puis
s'éloignent par couples vers
l'ombre des buissons.

À LA FRONTIÈRE KENYANE

LES ARBORE ENTRE MONTS ET SAVANES

[PAOLO NOVARESIO]

LES ARBORE
ENTRE MONTS ET SAVANES

LA RÉGION QUI ENTOURE LE CHEW BAHIR EST ARIDE ET PLATE. LE VILLAGE D'IRBORE EST L'ULTIME AVANT-POSTE DE L'ÉTHIOPIE MÉRIDIONALE FACE À LA FRONTIÈRE KENYANE. LA ROUTE QUI MÈNE VERS CETTE DERNIÈRE S'ESTOMPE EN UNE RÉSILLE DE PISTES POUDREUSES QUI SEMBLENT S'ÉVANOUIR DANS LE NÉANT.

Le ciel et la terre se fondent sur un horizon flou dans une confusion de mirages, souvent obscurcis par de soudaines tempêtes de poussière. Du lac Stéphanie, découvert par Teleki voici un peu plus d'un siècle, ne subsiste qu'une stérile étendue boueuse trouée de quelques mares d'eau croupie : il y a des dizaines d'années que les crues du Woito, unique tributaire, n'atteignent plus le cœur du bassin, aride désormais. Pourtant, un miracle se produit dans ce paysage sans espoir : les inondations saisonnières du fleuve créent une sorte d'oasis linéaire, fine bande de terre fertile arrachée au désert sur laquelle les Arbore cultivent le sorgho et le maïs indispensables à leur survie. Ces berges, périodiquement revitalisées par le limon déposé, offrent aussi de bons pâturages au bétail, deuxième pilier de l'économie locale. Bien qu'ils dépendent dans une large mesure de ces ressources agricoles, les Arbore se considèrent plus comme des pasteurs que comme des cultivateurs. Vaches, chèvres et moutons, qui constituent l'unité de mesure de toutes leurs transactions commerciales, sont le capital indispensable à tout homme voulant se marier.

Également appelés Hor, les Arbore sont environ au nombre de cinq mille cinq cents, répartis en deux branches : les Marle et les Gandaroba. Les premiers, considérés comme la souche originelle — et de ce fait la plus pure —, vivent près des rives du Chew Bahir. Après une longue période de conflits avec les Hamar, la majeure partie d'entre eux s'est récemment déplacée jusqu'à l'ouest du Woito, où les Borana lui offrent l'hospitalité. Quant aux Gandaroba, puissants et prestigieux, ils occupent les territoires situés plus au nord, près de la petite agglomération d'Irbore. Les Arbore sont issus du regroupement de plusieurs ethnies amalgamées au fil du temps pour ne former qu'un seul peuple. Les mariages mixtes, avec des jeunes filles d'autres tribus, sont encore la règle, si bien que tout homme peut chercher femme chez les Borana, les Dassanetch, les Rendille, où il le veut en fait pourvu que ce ne soit pas chez les ennemis hamar. L'union avec une femme tsamai non infibulée est mal vue. Il en va de même, mais dans une moindre mesure, pour les unions avec des femmes konso, dont pourtant bien des

Les fesses enveloppées dans du cuir, un cache-sexe double retenu par un lien ainsi qu'une cape, servant aussi de voile et à l'occasion de matelas, voici les vêtements des élégantes Arbore.

Arbore adoptent la langue pour le commerce. Tous parlent le borana, qu'une certaine fraction des castes inférieures de la population, comme les Waata Wondo, utilisent dans leur vie quotidienne. Le nom même d'Arbore dérive du borana. La tradition orale, en effet, attribue l'origine de ce peuple à des ancêtres mythiques envoyés par le dieu Waq pour construire les premiers villages sur les deux rives du fleuve. La plupart des Arbore affirment descendre d'antiques lignages borana.

Une stratégie contrôlée d'intégrations et d'exclusions a permis aux Arbore de conserver une identité distincte et de défendre avec succès leurs coutumes sans pour autant renoncer à leurs fructueux contacts avec le monde extérieur, lesquels leur valurent dans le passé, grâce à une extrême diplomatie, une certaine prospérité, une richesse même, qui au XIXe siècle frappa les explorateurs européens. Ils allaient vêtus d'étoffes élégantes venant de la côte somalienne, se paraient de bracelets de cuivre et d'ivoire, possédaient des milliers de têtes de bétail et d'abondantes réserves de sorgho. En 1896, Bottego les décrit comme des commerçants polyglottes, assez habiles pour détenir le monopole de tous les trafics de la région. « Ce petit peuple est très populaire, même dans des pays éloignés, et cela tient à son activité commerciale. Une importance qui vient aux Arbore de leur neutralité qui leur permet d'aller partout. Ils empêchent les *safara*, marchands somaliens, d'accéder à l'ouest du lac car ils veulent acheter eux-mêmes l'ivoire aux Gheleba, aux Cherre et aux Murzu, pour le revendre avec de considérables profits. Mis à part cette prérogative qui les rend célèbres dans le trafic de l'ivoire, ils se montrent très hospitaliers avec les caravanes. »

Les hommes du peuple arbore ont fière allure, avec ces cotonnades fleuries qu'ils drapent en élégants turbans.

L'organisation sociale des Arbore s'étaye sur le système des classes d'âge. Les diverses générations, dont chacune se divise en quatre classes, se succèdent au pouvoir tous les quarante ans environ. Les chefs politiques ont le devoir de rendre la justice, d'entretenir de bonnes relations avec les peuples voisins et de régler les relations de propriété concernant les terres et les bêtes. Les champs sont distribués de façon saisonnière entre les familles, astreintes à respecter les règles coutumières, si bien que les individus convaincus de négligence dans l'exploitation du lopin qui leur est alloué risquent l'exclusion de la répartition et peuvent être condamnés à de sévères peines, telles que le fouet. L'excédent des récoltes sert à acquérir du sel, du café et autres denrées courantes ainsi que les ustensiles de fer, les pots de terre cuite et les articles qu'ils ne peuvent fabriquer eux-mêmes et qui leur sont fournis par les artisans konso et hamar. Non seulement ce système satisfait aux besoins de chacun, mais il garantit une paix relative dans toute cette zone. L'autorité des chefs religieux, les *kawot*, équilibre celle de la classe dirigeante. Ces *kawot*, dont la charge est héréditaire, ont un rôle spirituel. C'est à eux que l'on demande de prier pour le bien-être du groupe, pour la victoire en cas de combat comme pour le succès des razzias. La fertilité de la terre dépend de leurs bénédictions et de leur aptitude à gérer les relations avec le surnaturel. Il leur incombe, chaque année, de « faire grossir » les eaux du Woito en enterrant une queue de mouton dans le lit asséché du fleuve. Grâce à cette offrande, le précieux limon continuera de se déposer sur les champs afin que le sorgho croisse. Ainsi les Arbore pourront-ils continuer à vivre selon les traditions de leurs pères... et à se sentir uniques.

[GIANNI GIANSANTI]

LES ARBORE
SOURCE D'INSPIRATION

LES ARBORE VIVENT ENTRE SAVANE ET MONTAGNES DANS DE GRANDES MAISONS DE ROSEAUX QUI, DE LOIN, RESSEMBLENT À DES PIROGUES RENVERSÉES.

Bien qu'ils soient très pauvres, ils affichent une sorte de charme altier, les femmes surtout. Je savais que ces dernières ne portaient qu'une lourde jupe de cuir, qu'elles étaient coiffées de nattes fines et longues, et qu'elles aimaient à se parer de petites perles. En vérité, beaucoup d'entre elles ont la tête rasée, et certaines portent même un long voile noir — dont elles maintiennent les bords entre leurs mains serrées — qui laisse juste voir le visage. De mon arrivée au village, la première image qui me revient à l'esprit est celle de trois petites filles. Enveloppées dans cette espèce de tchador, elles ont tourné vers moi un regard timide en se laissant photographier, avant de s'enfuir, affolées par l'objectif. Quant aux hommes, ils arborent avec fierté des sortes de maillots aux couleurs éclatantes et des paréos. Certains d'entre eux portent des shorts. Ce sont les femmes, en fait, qui surprennent le plus par la quantité de bijoux dont elles sont couvertes : des colliers, des bracelets et autres ornements, parmi lesquels, surtout, d'énormes bracelets de cheville en fer dont les frictions sonores accompagnent chacun de leurs pas. Même ainsi parées de cette encombrante quincaillerie et la tête rasée, ces femmes arbore sont magnifiques.

Depuis toujours, l'Afrique est pour les artistes une source d'inspiration du fait de ses lumières, de ses multiples parfums, de ses sonorités et de ses peuples. C'est sur le continent noir que l'on vient chercher de nouvelles silhouettes, des visages jamais vus pour les podiums de la mode et les arts du spectacle, des femmes dont l'allure et le regard évoquent encore l'esprit originel de leur terre.

Combien m'avait inspiré une certaine jeune fille que j'avais trouvée belle, seule, sculpturale, se tenant bien droite sur le fond vert des arbustes, et qui nous avait observés de loin. Cheveux réunis en une multitude de fines tresses, perles de sueur sur son front sombre, yeux noirs, seins nus à peine visibles sous une montagne de petits colliers, bracelets si étroits sur ses avant-bras qu'ils étaient un défi à la circulation du sang... J'ai pris au moins une centaine de clichés pour essayer de saisir la beauté qui émanait d'elle, de son expression âpre, de son regard sauvage. Pendant les dix minutes que dura la prise de vues, elle ne bougea pratiquement pas, mains sur les hanches, cou tendu et regard perdu au loin, sur la savane, dans l'attitude d'un mannequin. Quelle ne fut pas ma déception, je dois l'avouer, lorsqu'elle estima enfin que nous avions assez travaillé et qu'il était temps pour elle d'être payée. Bien sûr, où que l'on soit dans le monde, les modèles ont droit à une rémunération...

Ci-dessus. Drapées dans leur voile noir, ces jeunes filles affichent la réserve qui sied aux musulmanes.

Pages 272-273. Le village de ce peuple aimable s'étend au centre d'une vallée. Les maisons, plus hautes que celles des autres peuples, sont bâties en roseaux et diversement bordées.

Aux portes du village,
ces bambins jouent aux
sentinelles sur cette frêle
construction, petit poste
de garde au-dessus du champ de
sorgho. Lorsqu'elles sont lancées
(de main de maître), les pierres
réunies ici permettent d'avertir
silencieusement les habitants
d'un éventuel danger et,
à l'occasion, de chasser oiseaux
gourmands et autres prédateurs
qui s'abattraient sur les cultures.

Les femmes arbore

Belles et mystérieuses

Selon les usages arbore,
ces jeunes filles se rasent le crâne,
qu'elles ceignent de fins bandeaux
de petites perles colorées.
Pudiques dans leur nudité,
elles ont toujours leur cape noire
à portée de main.

Bracelets de cheville

Les chuintements du fer

Toutes les femmes arbore portent
de lourds bracelets de cheville superposés
qui, par frottement, font de chacun
de leurs mouvements un joyeux concert
métallique.

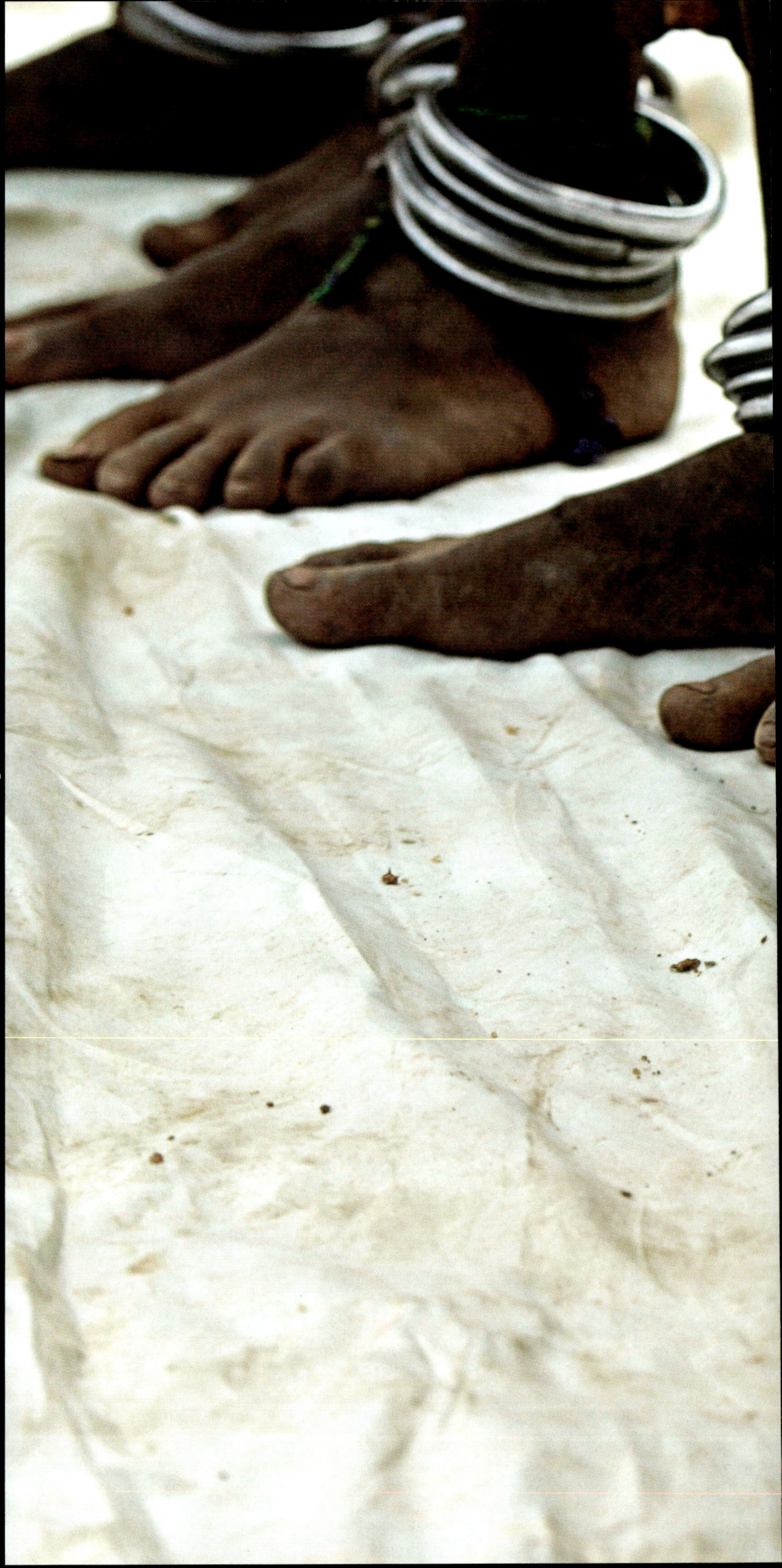

Ethiopia 2003/04
"Omo Valley"

… AVEC LE CRÂNE
RASÉ, QUI MET EN
VALEUR LA PURETÉ
DU VISAGE,
ET LEURS PARURES
DE PERLES
VIVEMENT COLORÉES,
LES ARBORE SONT
ÉCLATANTES.

Regard intense, lèvres charnues, petit nez, pendants d'oreille en spirales de fer
et colliers multiples, voici les secrets de la beauté arbore

PAIX SUR LES RIVES DU FLEUVE OMO

LES KONSO UN PEUPLE D'ARTISTES

[PAOLO NOVARESIO]

LES KONSO
UN PEUPLE D'ARTISTES

À QUELQUES KILOMÈTRES AU SUD DU LAC CHAMO, LES CONTREFORTS ORIENTAUX DE LA VALLÉE DU RIFT SE FONDENT EN UN VASTE PAYSAGE DE MONTAGNES QUI DOMINE LES SAVANES ET LES DÉSERTS DE CETTE RÉGION FRONTALIÈRE ENTRE L'ÉTHIOPIE ET LE KENYA.

Ce territoire, pris dans le vaste méandre du fleuve Sagan, est la patrie des Konso, soit quelque cent quatre-vingt-cinq mille âmes. Leur nom, d'origine borana, désigne en réalité trois groupes différents qui partagent la même culture, le même système économique, et qui parlent la même langue. L'histoire des Konso est étroitement liée à celle des Borana, avec qui ils vivent depuis des siècles en une espèce de symbiose qui va bien au-delà des échanges commerciaux. Borana et Konso étayent leur organisation sociale sur les classes d'âge, plus importantes pour les individus que leur lignage. Leurs rituels et leurs cérémonies de passage d'une classe d'âge à l'autre se déroulent selon un calendrier établi pour toute une vie, de l'enfance à la vieillesse, et sont remarquablement semblables chez ces deux peuples. Comme les Borana, les Konso portent au front la *kalacha*, ornement en forme de phallus auquel ils attribuent, entre autres, le pouvoir de préserver leur virilité. Les artisans konso, renommés pour leur habileté manuelle, procurent aux Borana les précieux produits de leur culture sédentaire : les tissus de coton, les ustensiles, les écuelles en bois et toute une série de biens voluptuaires. Le tissage et le travail des métaux sont tâches masculines, le tannage des peaux et le façonnage des poteries de terre cuite étant l'affaire des femmes. Les marchés, qui se tiennent chaque jour dans une localité différente, regorgent de produits agricoles. On y échange du café, des céréales et des légumes contre des pains de sel et des animaux de boucherie. Les Konso sont de tenaces et courageux agriculteurs, qui parviennent à tirer le maximum de terres avares et dures. Sous les pluies diluviennes, le flanc abrupt des collines se délite et s'érode si bien que l'appauvrissement des sols délavés est un problème constant. Pour y remédier, ces agriculteurs avisés installent leurs plantations sur des terrasses tranchées dans la pente et soutenues par des murets de pierres sèches. La surface, ainsi cultivée à l'aide d'une pioche fourchue et constamment fertilisée avec du fumier et d'autres matières organiques, s'étend sur plus de six cent cinquante kilomètres carrés.

Dans ce paysage géométrique et très humanisé, ils plantent des *waga*, stèles anthropomorphes érigées en mémoire de personnages importants et de héros défunts dont les traits sont ébauchés et autour desquelles ils disposent des images représentant les ennemis tués, ainsi que les femmes et les autres personnes qui leur furent chers. Sous la protection du hiératique

Ci-dessus. Blotti au cœur des montagnes de l'Ouest éthiopien, le marché de Konso est le plus vivant et le plus bariolé de toute la vallée de l'Omo.

Pages 290-291. Sous le regard intéressé des pélicans blancs, qui l'observent depuis la rive, ce jeune homme file dans son embarcation de fortune sur le lac Chamo, infesté de crocodiles.

regard de ces *waga* — et grâce à son travail acharné —, le paysan konso peut compter sur deux bonnes récoltes par an à l'issue des pluies saisonnières, qui tombent au printemps et à l'automne. Le blé et l'orge se cultivent à flanc de colline, les champs les plus bas étant réservés en majeure partie au sorgho, dont ces cultivateurs connaissent au moins vingt-quatre variétés dotées de caractéristiques spécifiques. Outre ces céréales, ils produisent du coton, du tabac, des tubercules et des légumes. Certains arbres de haute futaie leur fournissent aussi des feuilles comestibles, comme *Moringa stenopetala*, connu dans toute l'Afrique orientale pour ses vertus nutritives et désinfectantes. Ils récoltent aussi le miel des abeilles sauvages, et élèvent des bœufs, des chèvres et des moutons, dont le lait est en majeure partie destiné à l'alimentation des jeunes enfants ou transformé en beurre. Ils ne tuent les animaux pour leur viande qu'à l'occasion de cérémonies ou lors d'événements sociaux de particulière importance. Les Konso pratiquent fort peu la cueillette et encore moins la chasse, car tous les oiseaux, leurs œufs, les poissons ainsi qu'une grande partie de la faune sauvage sont tabous.

Au sein de la turbulente mosaïque ethnique de cette Éthiopie méridionale, les Konso sont une exception car, s'ils prisent le courage et la force virile, toute forme de violence leur est étrangère. Ils évitent les conflits autant que faire se peut, et punissent très sévèrement l'homicide. Leurs coutumes vont jusqu'à interdire certains types d'armes, telles les lances à rostre, qui provoquent de terribles blessures. Répandre le sang offense leur dieu et souille la terre dont dépend la subsistance de leur société. Pacifiques et bienveillants, les Konso disposent de rituels de réconciliation, utiles tant en cas de guerre que pour régler leurs tensions internes. Justice est rendue par les anciens, réunis en conseil. Le criminel est exposé à l'opprobre, et se voit généralement expulsé du village ou, au minimum, privé du soutien de la communauté. Une sanction des plus graves chez ces gens d'une totale solidarité, puisqu'il faut la participation de tous pour construire les terrasses, creuser les puits, irriguer les cultures, faire face aux phénomènes naturels imprévus ou ériger de hautes murailles de pierre défensives autour des villages.

Dans ces derniers, tout un réseau de sentiers bordés de palissades de bois relie les diverses zones habitées, divisées en quartiers. Soulignons ici que la pierre et le bois, leurs matières premières de base, sont utilisées non seulement pour construire, mais pour tous usages. Dans le bois, ils creusent les ruches, les abreuvoirs, les écuelles et autres types de récipients. Avec la pierre, ils font les meules à moudre les céréales, les revêtements internes des puits et les plaques d'affûtage des outils agricoles et des lames. Mais revenons-en à leurs bourgs fortifiés, à l'intérieur desquels chaque noyau familial dispose d'un espace privé, également clos, où sont disposés les greniers, les abris destinés au bétail et les diverses huttes circulaires coiffées d'un toit de paille qui constituent les demeures du chef de famille,

du fils aîné et de la femme la plus âgée avec ses enfants. À peine mariés, les fils plus jeunes sont instamment priés de trouver rapidement un autre toit.
Chaque quartier possède ses lieux publics pour les réunions et les cérémonies. À première vue, ces villages konso peuvent apparaître comme un labyrinthe sans queue ni tête, voire chaotique. Il n'en est rien. En fait, la répétition obsessionnelle d'une telle parcellisation correspond à une mentalité analytique et méticuleuse, à l'habitude d'exploiter chaque lambeau de terre dans un environnement âpre, souvent hostile. S'il pleut trop, cela déclenche des inondations destructrices. S'il ne pleut pas du tout, la terre se dessèche en profondeur. Si la sécheresse perdure, que peuvent contre elle les techniques agricoles et l'habileté transmise au fil des siècles ? S'enchaînent la disette, la faim, la dénutrition. Le désordre menace perpétuellement l'harmonie de ce que créent les hommes, met en péril le fruit de leur travail et de la bienveillance divine.
Par-delà l'échiquier des champs cultivés s'étend un monde mystérieux, royaume des démons et des esprits qui sévissent essentiellement la nuit. Ces créatures malignes vivent dans les arbres, au fond des puits, errent sans trouver la paix aux frontières des villages. S'ils sont évoqués ou dérangés, ils amènent la folie, la stérilité, la maladie et la mort. Il leur arrive parfois d'investir les êtres humains pour les utiliser à des fins inavouables. Le sommeil lui-même comporte des dangers lorsqu'au creux des rêves les fantômes des défunts viennent visiter les vivants, ce qui est un bien mauvais présage. Pour se défendre de cette horde d'êtres surnaturels, les Konso ont recours aux devins, les seuls à pouvoir découvrir la source du mal et, par la magie, à pouvoir libérer ceux qui en sont possédés.
Malgré sa dureté et bien qu'elle soit loin d'être simple, la vie des Konso est fort agréable sous bien des aspects. Ils se réunissent souvent pour faire de la musique et danser, au crépuscule surtout, lorsque la chaleur du jour s'apaise dans la douceur du soir. C'est alors que Waq, leur bienveillant seigneur du ciel, semble revenir vivre parmi son peuple. Comme il le faisait aux temps primordiaux.

[GIANNI GIANSANTI]

LES KONSO
DE BIENVEILLANTS VOISINS

Au cours de mes voyages en Éthiopie, il m'est souvent arrivé de passer chez les Konso, dernière frontière avant de descendre vers les régions orientales de la vallée de l'Omo.

C'est une véritable zone frontalière où il n'y a plus trace de ce que nous appelons « civilisation ». La première fois que nous nous arrêtâmes ici, nous venions de passer plus de deux semaines dans la basse vallée, chez les Banna, les Mursi, les Hamar et les Dassanetch, autour du Mago National Park. Nous parvînmes au village de Goeha où, vers le soir, à l'heure où l'air fraîchit et où les couleurs se saturent, nous montâmes les tentes. À l'instar du panorama qui s'étendait alentour, l'espace central du village était très différent de ce que nous connaissions de l'Afrique jusqu'alors. C'était un pré, aussi peigné qu'un terrain de golf et délimité par des murets de pierres comme savent en confectionner les Konso, experts en la matière pour avoir été contraints, depuis des générations, à cultiver des collines qu'ils ont tranchées en successions de terrasses. Nul ne nous attendait. Il n'y avait là qu'un vieillard qui, parlant tout seul, racontait des histoires où il était question de « frimousse noire ». On le sut plus tard, ce vieux était considéré comme le fou du village. Après des jours de savane, de lacs grouillants de crocodiles et d'hippopotames, de tribus braillardes, nous étions stupéfaits de nous retrouver chez les Konso dans une sorte de Suisse éthiopienne. En dehors du vieil hébété qui marmonnait tout le temps, nous ne rencontrâmes pas plus de quelques personnes durant tout notre séjour. Zenabu nous expliqua bientôt la raison du calme inhabituel qui régnait ici. En fait, le roi des Konso, Welde Dawit Keyote — dont la demeure était proche de l'endroit où nous avions établi notre camp —, étant au plus mal, son peuple observait un silence respectueux. Nous fîmes de même, ce qui nous permit de redécouvrir les vertus d'une telle attitude.

De retour chez les Konso quatre mois plus tard, après d'intenses semaines de travail dans les régions hamar et mursi, j'éprouve à nouveau cette impression de paix, de soulagement, de fraîcheur, et j'admire les jardins, les bosquets et les ruelles plantées d'arbres. Le silence, troublé seulement par le froissement des feuilles et le chant des oiseaux, me rappelle une histoire, lue je ne sais où, parlant de fées qui ne peuvent s'épanouir

Ce peuple d'agriculteurs experts installe ses villages à mi-pente des collines qui moutonnent au sud du lac Chamo. Les habitants dressent des barrières autour de leurs huttes circulaires afin de les protéger des chèvres et autres animaux, domestiques ou non. À remarquer les faîtières de terre cuite — simples demi-poteries — qui, couronnant les toits de chaume, assurent la cohésion de la dernière botte tout en protégeant de la pluie l'orifice par lequel s'échappe la fumée du foyer.

qu'aux endroits où l'homme ne fait pas sentir sa présence. Voilà qui m'incite à méditer sur le charme qu'exercent les endroits où l'homme n'a pas encore pris le pas sur la nature.

Zenabu vient interrompre le cours de mes pensées pour me demander s'il me serait de quelque intérêt de photographier un mort. Après un instant de stupeur, je réalise le pourquoi de sa question car voici ce qu'il m'explique : le roi était mort peu après notre départ, il y a quatre mois ; ainsi qu'il est d'usage chez les Konso, son corps, conservé dans une cabane, avait été soumis à certains processus de momification pour être enseveli seulement neuf ans, neuf mois et neuf jours après sa mort. De sa mort physique, précisons-le, car, selon les croyances konso, tant qu'une personne n'est pas enterrée, elle est seulement malade. De ce fait, la dépouille mortelle, à l'abri dans une hutte, est sous surveillance constante et fait l'objet des soins les plus attentifs de la part de ses gardiens, qui la lavent trois fois par jour et restent avec elle sans jamais dormir.

Je vais donc photographier ce défunt accompagné de Zenabu, qui m'explique les quelques éléments indispensables à la compréhension de cette culture. Essentiellement animistes, les Konso attribuent de l'énergie à tout ce qui les entoure et vénèrent les *waga*, ces statues funéraires érigées en l'honneur des chefs et des guerriers les plus valeureux, près des champs et des routes principales afin qu'ils puissent surveiller les allées et venues des vivants. La tradition veut qu'il en soit ainsi... Mais, comme chacun sait, ladite tradition se modifie parfois face à la nécessité, ce qui est ici le cas. Le corps du roi, en effet, sera enseveli sous peu car l'argent manque pour nourrir ses gardiens pendant tant d'années. Quant aux *waga*, les collectionneurs étant venus se joindre aux ennemis pour en faire des proies, elles sont peu à peu regroupées dans une cabane afin qu'il n'y ait à payer qu'un seul garde pour toutes.

Mais revenons-en au défunt... J'entre donc dans la cabane où ce roi — du moins ce qu'il en reste — gît en décomposition, posé sur un tabouret. Je remarque que son visage a fait l'objet d'une complète reconstitution. L'effet est particulièrement singulier. Il y a quelque chose de tragiquement comique dans l'œuvre accomplie ici, comme dans le regard halluciné de l'un des gardes, horrifié par l'odeur. Ce spectacle me fait penser aux génies d'un lieu, à la religion animiste et au fait que ce qui est devant moi fut un homme, plus même, puisque ce fut un roi.

Je ne suis pas du genre à croire aux esprits, ces âmes qui survivent à la mort. Et je ne me mis pas à y croire davantage lorsque, à peine avais-je saisi ma vidéo-caméra pour une reprise, je vis s'inscrire en rouge sur le viseur la tête de mort indicatrice d'erreur avec, en rouge, le mot « attention ».

Ci-contre. À la lisière des champs, disposés en files, se dressent çà et là dans les collines tranchées en belles terrasses cultivées ces étranges personnages sculptés dans le bois. Dits *waga*, ils sont à l'effigie d'importants défunts entourés de leurs épouses et de personnages qui ont compté dans leur vie. Le vol de ces statues, un phénomène nouveau, incite aujourd'hui les chefs de village à les regrouper en lieux sûrs, sous surveillance.

Ci-dessus. Veillée par deux gardiens, la dépouille de Welde Davit Keyote, roi konso mort depuis peu, est conservée dans la hutte dont on aperçoit le toit. Pour respecter la tradition à la lettre, le corps momifié devrait être conservé pendant neuf ans, neuf mois et neuf jours avant d'être enseveli.

La nature domptée

Collines aux murets de pierres sèches

Très habiles constructeurs, les Konso ont tranché les pentes de leurs collines en une infinité de terrasses qu'ils étayent par de solides murs en pierres sèches. Ainsi, lors des pluies, la terre n'est pas lessivée comme ailleurs, ce qui lui permet de conserver les éléments nutritifs indispensables aux cultures.

Le village royal

du souverain défunt

Ce village,
où s'est récemment éteint
le vieux roi konso, est remarquablement
organisé. D'une extrême propreté,
les maisons rondes, en bois,
sont disposées avec goût. Entre elles courent
des pavages et des murets de pierres sèches
artistement disposés.
Paisibles, deux hommes jouent
tranquillement à l'awalé près des belles
vanneries que leur peuple, habile
et travailleur, échange — entre autres
ustensiles — contre de la viande à leurs
voisins, éleveurs semi-nomades.

C'est aux femmes
qu'il incombe de ramasser
le bois du foyer,
de travailler aux champs et
d'aller présenter au marché
du maïs, du sorgo,
différentes espèces de millet,
du blé, du café et
de nombreux légumes verts,
mais aussi divers
produits artisanaux,
qu'elles vendent ou qu'elles
échangent contre du cuir
ou de la viande
aux belliqueux Borana,
leurs voisins.

Vie quotidienne

en pays konso

ETHIOPIA 2003/04
"OMO VALLEY"

… PEUPLE SÉDENTAIRE, AGRICULTEURS DANS L'ÂME, BÂTISSEURS AVISÉS ET TRAVAILLEURS ASSIDUS, LES KONSO ONT FAIT DE LEUR TERRITOIRE INGRAT UN PARADIS.

Sur la route du verdoyant marché de Konso…
Les vêtements de coton aux couleurs éthiopiennes de cette jeune femme sont tissés au village.
La jupe est retenue à la taille par un lien de fibres ou de cuir dissimulé sous le rabat

LE CHANT DE L'EAU

LES BORANA FILS DE L'AUBE

[PAOLO NOVARESIO]

LES BORANA FILS DE L'AUBE

DEPUIS LES PROFONDEURS DE LA TERRE, L'EAU SURGIT DE MAIN EN MAIN AU RYTHME D'UNE LITANIE OBSÉDANTE. VARIANT LE TON ET L'INTENSITÉ DES VOIX, LE MAÎTRE DU CHANT RÈGLE LA CADENCE DU TRAVAIL COMME L'ACCÈS DES BÊTES AUX ABREUVOIRS, AFIN QU'AUCUNE GOUTTE NE SE PERDE...

Tels sont les « puits chantés » des Borana, véritables merveilles d'organisation logistique et de poésie. Alentour, à perte de vue, il n'y a rien que de basses collines calcinées et des plaines écrasées de soleil. Le sol est couvert de broussailles épineuses trouées, çà et là, de touffes d'herbes desséchées que malmène un vent impétueux. Autour de Dublock, à mi-chemin de Yabello et de la frontière kenyane, le paysage semble dénier tout espoir de survie aux hommes comme aux animaux. Dublock est l'un des points d'eau les plus importants de la région, l'un des rares à rester en activité au cœur de l'interminable saison sèche. Nul ne peut dire exactement quand et par qui ont été creusés les quelques vingt puits, forés dans la roche vive sur des dizaines de mètres de profondeur avec une technologie supposée primitive. Un travail énorme, réalisé par une société riche pourvue de moyens considérables et d'une remarquable organisation.

Une volée de hautes marches de pierre mène au fond du trou, jusqu'à la source. En faire remonter l'eau à la surface du sol est une tâche difficile et épuisante, qui implique la participation de dizaines d'hommes. S'ils veulent survivre, eux et leur bétail, ces pasteurs doivent pourtant s'y astreindre.

Les Borana appartiennent au groupe des Boromo, dont ils se considèrent les purs descendants directs, les seuls qui soient dignes de perpétrer la tradition ancestrale. Ils se désignent eux-mêmes comme « Fils de l'Aube », les favoris de Waq, le dieu suprême. Leur pays, qui englobe de vastes régions du Nord kenyan, s'étend du bassin du fleuve Jubba jusqu'aux rives du Chew Bahir et aux montagnes des Konso. Cet immense territoire, en majeure partie plat et désertique, ne reçoit guère plus de trois cents millimètres de pluies par an, concentrées sur novembre et décembre. L'intense chaleur des journées et l'absence d'écran nuageux le privent intégralement d'eaux de surface.

Dans un tel environnement, le nomadisme est le seul mode de subsistance possible. La vie des Borana dépend exclusivement de celle de leur bétail, leur seule source alimentaire, leur seul bien. Chèvres et moutons fournissent le lait et la viande en abondance, tandis que les ânes et les chameaux servent surtout comme

Au rythme d'une mélopée rituelle, les Borana prennent au creux de la roche l'eau abondante de ce puits et la remontent en faisant passer les seaux de main en main, un symbole de la solidarité qui unit la communauté.

animaux de bât et monnaie d'échange. Quant aux bovins, ce sont eux qui donnent la vraie mesure de la richesse d'un homme et de son statut social. Les Borana nourrissent un amour viscéral pour leurs troupeaux. La vache est tout pour eux ; point de référence culturel, symbole de pouvoir, elle fait l'objet de rituels complexes, fait les frais des sacrifices religieux et sert de monnaie dans les tractations de mariage. C'est en têtes de bovin que se paient les offenses. Une réparation dont le montant versé à la victime par le coupable dépend de la gravité du crime commis. Les sanctions peuvent être lourdes. Ainsi, le prix d'une insulte équivaut à un bœuf, un vol de bétail aux dépens d'un membre de la tribu vaut une amende dont le montant s'élève à cinq fois celui du larcin, et il faut un troupeau de cent têtes pour se laver d'un meurtre. Les bovins d'Afrique orientale, ces zébus à l'échine bossue, méritent bien une telle estime ! D'une extrême robustesse, résistants à la plupart des maladies, ils supportent d'interminables migrations à travers les déserts pour découvrir un peu d'eau et quelques maigres pâturages.

L'habitation borana répond très exactement aux besoins de leur vie nomade. Constituée d'une armature de branches en berceau couverte de palmes tressées, elle se démonte vite et, légère, se charge facilement à dos de chameau. Comme nombre d'autres travaux considérés comme indignes des hommes, l'installation du campement est une affaire de femmes. Ces dernières, en à peine quelques heures, savent faire surgir un véritable village là où il n'y avait rien. Il leur incombe aussi, entre autres tâches, de puiser l'eau, de ramasser le bois à brûler, de traire les bêtes et, bien entendu, de s'occuper des enfants.

Aux hommes reviennent les travaux considérés comme plus nobles, tels que creuser les puits, abreuver les troupeaux et, à certaines périodes de l'année, récolter le sel au fond de cratères endormis, dont le plus connu, El Sod, près des puits de Dublock, recèle un étang aux eaux noires et opaques, très chargées en dépôts, que les pasteurs exploitent depuis toujours. Ils en tirent un sel blanc destiné à l'alimentation des hommes, plus ou moins précieux selon la profondeur de son extraction, ainsi qu'une boue de couleur foncée qui recouvre le fond du lac et qui, riche en sels minéraux, est donnée au bétail. Comme la plupart des nomades, les Borana complètent leurs ressources par un peu de commerce, si bien que leur surplus de sel s'ajoute à la viande et aux produits animaux, parfois à l'ivoire, qu'ils échangent au cours de leurs itinérances — principalement avec les agriculteurs konso — contre des céréales, du thé, du tabac et du miel.

Le plus important de tous les devoirs des hommes reste cependant de protéger le groupe des attaques de tribus hostiles. Pour les Borana, la guerre est une nécessité. C'est inexorable. La stabilité, l'harmonie comptent parmi les valeurs essentielles à l'intérieur du groupe, mais n'ont plus aucun sens dès qu'il s'agit des groupes voisins, ennemis par définition, en tant que rivaux dans le partage des ressources vitales.

L'agressivité envers l'étranger est chez eux une vertu. S'approprier ses biens est un droit. Pour être considéré comme *diira*, c'est-à-dire viril, il faut être audacieux au combat. Tuer un ennemi confère le droit d'arborer un lourd bracelet d'ivoire, symbole de courage.

L'épopée guerrière borana est un hymne à l'extermination ! Leurs chants et leurs légendes rendent hommage à des personnages mythiques dont la geste est donnée en exemple aux jeunes gens, comme celle de Madd Boru Dada, l'un de leurs plus célèbres héros. Combattant invincible, pillard de troupeaux, il est vénéré pour la campagne qu'il mena au début du XXIe siècle contre les Arsi, de lointains cousins, qu'il raya pratiquement de la surface de la terre pour avoir assassiné par traîtrise l'un de ses meilleurs amis.

L'équipement guerrier des Borana est simple mais efficace : une lance lourde pour le corps à corps, un javelot, une épée et un bouclier. Si les armes à feu ont, en partie, modifié leurs techniques de combat, leur philosophie belliqueuse comme leur stratégie, elles, sont inchangées. Les attaques sont soigneusement préparées après une série de rites propitiatoires. Première étape stratégique : on envoie des observateurs pour espionner l'ennemi, évaluer ses forces et l'instant propice à l'attaque, généralement à l'aube ou au coucher du soleil. Objectif : l'enceinte du bétail. Une fois les portes ouvertes, les uns rassemblent les bêtes et se sauvent en les poussant devant eux, laissant aux autres le soin de protéger leurs arrières en affrontant ceux qu'ils ont volés et qui cherchent à se défendre et à récupérer leurs biens. Au cours de la retraite, le butin est partagé entre tous les participants au pillage, dont le retour triomphal au village est salué par les youyous des femmes, prélude à de grandes festivités.

Le système social borana, dit *gada*, mesure tout à l'aune du guerrier et à l'art du combat, et s'étaye sur les classes d'âge. Le passage d'une classe à la suivante, marqué par tout un rituel, advient tous les huit ans et octroie un rôle précis dans la hiérarchie du groupe. Ainsi, l'entrée d'un enfant dans le *gada* dépend de la classe d'âge de son père, indépendamment de sa propre année de naissance.

Ces classes d'âge sont au nombre de onze, onze étapes donc, qui rythment la vie d'un homme tout au long de son existence depuis l'enfance. Selon la tradition, l'entrée dans la société coïncide avec la dation du nom. Le nouvel arrivant est d'abord reconnu apte à s'occuper du bétail, puis à l'usage des armes, ensuite il peut accéder au mariage et à l'administration de la justice. Il est circoncis à quarante-huit ans. Enfin, l'étape finale, le dernier stade du *gada*, est l'accession à la classe des anciens, dont l'autorité est reconnue de tous. Ils se distinguent par leur sagesse, leur gravité, leur calme, même dans les moments les plus difficiles. Ils parlent lentement, à voix basse, une langue d'initiés.

Le *gada*, en tant que système de pouvoir, a aujourd'hui perdu une partie de son emprise, mais conserve son sens symbolique. Jusqu'alors, c'est grâce à la puissance de ses traditions, en effet, que le peuple borana a conservé son unité et sa forte identité.

"ETHIOPIA 2003/04
"OMO VALLEY"

... FIERS

DE LEURS TRADITIONS,

LES BORANA SE DISENT

« FILS DE L'AURORE »

AIMÉS DE WAQ,

LE DIEU SUPRÊME DONT,

CHOSE CURIEUSE,

CE PEUPLE GUERRIER

PARTAGE LE CULTE AVEC

LES SI PACIFIQUES KONSO.

Les villages de ce peuple d'éleveurs semi-nomades sont constitués de maisons dont la structure est faite de piquets de bois recouverts de terre crue — sorte de torchis —, procédé qui permet de conserver une atmosphère relativement fraîche même lors des fortes chaleurs.

Dans les alentours du village, ce sont les anciens qui gardent les troupeaux. Lorsque les herbes, en abondance relative après la saison des pluies, ont été dévorées par les bêtes, la communauté se déplace avec la plupart des maisons — démontables ! — vers des zones non récemment pâturées. Le troupeau est alors encadré de vigoureux guerriers en armes et aux aguets, par crainte, bien fondée, des razzias. En arrière-plan, sous le feuillage de l'acacia épineux que l'on voit à droite de cette photo, les termites ont érigé l'une de leurs spectaculaires colonies.

Le chemin des troupeaux

Vers les points d'eau

Ci-contre. Il ne reste plus un brin d'herbe sur cette voie, maintes fois parcourue par chèvres, ânes et bovins menés à l'abreuvoir, et le sol, pulvérulent à force de passage, se transforme en nuage de poussière dès le moindre coup de vent.

Double page suivante. Cette femme arrime solidement les bidons emplis d'eau aux puits, et ainsi transportés à dos de dromadaire jusqu'au village.

Les puits chantés

Dans les entrailles de la roche

Maîtres de l'eau, les Borana
exploitent les nombreux puits
admirablement forés il y a des siècles
par une société organisée, dont on ne
sait rien si ce n'est qu'elle était assez
savante pour avoir détecté
toutes les nappes aquifères
de la région, une trentaine selon les
géologues occidentaux.
Si quelques-uns de ces puits sont
proches de la surface,
d'autres s'enfoncent jusqu'à
quarante mètres dans le roc.

Installés sur des plates-formes naturelles ou aménagées depuis toujours
en utilisant la configuration des roches plates existantes, les hommes du village, en chaîne
et au rythme de leur chant, remontent à la lumière les seaux emplis dans l'obscurité.

Très jeunes, les garçons
participent à cette tâche rituelle,
dont ils prennent le coup de main
en regardant les adultes exercer leur
savoir-faire.
La valeur de cet or blanc, que les Borana
défendent de toute intrusion
avec une férocité sans égale, leur est
inculquée en même temps que le rythme
de la mélopée.

[GIANNI GIANSANTI]

EL SOD
LA VIE, DON DU VOLCAN

LA ROUTE PIQUE DROIT SUR MOYALE, ULTIME PETITE AGGLOMÉRATION AVANT LA FRONTIÈRE KENYANE. À PARTIR DE DUBLOCK, UNE PISTE DE DOUZE KILOMÈTRES MÈNE DIRECTEMENT AU PLUS VASTE DÉPÔT DE SEL D'ÉTHIOPIE : EL SOD, EXPLOITÉ PAR LES BORANA.

Leur village est installé directement sur la crête du cratère d'un volcan inactif depuis des siècles, appelé Chew Bit, « maison du sel ». Dans le cratère même, il s'est formé un lac qui recèle un véritable trésor pour les habitants de la région. Poussés par la curiosité, nous y allons. Attirés par le vacarme que provoque l'arrivée de Paolo, une nuée de petits enfants entoure notre voiture pour nous montrer d'humbles marchandises : petits colliers, objets divers en aluminium, bâtons, menus riens qu'ils espèrent bien nous vendre. Plus loin, deux hommes mastiquent du kat sous un appentis de paille. De temps à autre, l'un d'eux allonge le bras pour en offrir quelques feuilles à une chèvre qui broute devant eux. Ayant perdu tout espoir de nous voir acheter quoi que ce soit, deux garçons s'improvisent guides et proposent de nous emmener au fond du cratère. Nous nous engageons le long d'un sentier large et poussiéreux qui descend vers le lac, si noir, juste au-dessous de nous, qu'il ressemble à une énorme tasse de café.

Après quelques tournants, le chemin devient plus difficile. Les pierres ont remplacé le sol de terre, si bien que le fracas des sabots des mulets sur les cailloux rythme notre marche. L'immense cratère du volcan est couvert d'arbres et d'arbustes d'un beau vert vif, témoins des pluies de cette période de l'année qui ont également fait monter le niveau du lac.

S'il y a foule pour exploiter le sel en période de sécheresse, seule une poignée d'hommes courageux sont aujourd'hui au travail. Les rives sont striées de blanc, et d'étroites ornières rougeâtres filent dans le noir du lac, créant un effet presque lunaire. Au fond du cratère, assis près des mulets, quelques individus complètement nus sont en train de se protéger soigneusement le corps avec des chiffons de toutes les couleurs : le sel du lac rongeant impitoyablement toute blessure ou entaille laissée à l'air libre, ils étalent sur leurs plaies de la résine d'encens avant de les recouvrir avec soin. Avec pour seuls vêtements ces quelques oripeaux, ils se dirigent maintenant lentement vers la rive, sans aucune honte de leur nudité, saisissent des récipients de plastique et s'immergent dans l'eau sombre pour une nouvelle journée de très dur labeur. Ils travaillent par équipes de deux. À l'aide de longues perches, ils remuent le fond pour en détacher les blocs de sel, qu'ils récupèrent ensuite en plongeant. Ils déposent les paquets de boue qu'ils remontent à la surface dans les baquets flottant à côté d'eux.

Le soleil est déjà haut, et la matinée se passe dans le va et vient des hommes qui, chacun leur tour, poussent la récolte sur la rive pour qu'elle sèche au soleil. Seul, de

Sous le soleil de feu, l'extraction du sel est épuisante, ainsi que l'exprime le visage de cet homme qui récolte la boue fortement saline dans le lac du bien nommé volcan El Sod, « Le Sel », situé dans la partie sud du territoire borana.

temps en temps, un ordre bref lancé par les plus âgés rompt le silence qui règne dans cet immense espace ouvert. Je focalise mon attention sur une équipe composée d'un père et de son fils. Dans l'eau jusqu'au cou, ils plongent chacun à leur tour et, peu à peu, finissent par remplir leur bassine de cette pêche miraculeuse. Alors, nageant tant bien que mal, ils gagnent la rive et, en équilibre précaire, d'un mouvement bref, ils déversent leur lourd fardeau sur le sol pour qu'il sèche au soleil. Ces hommes nus, immergés dans l'eau, comme enfantés par le volcan, semblent s'agripper à ses viscères dont ils extirpent la précieuse substance vitale. Dans la chaleur suffocante, l'effort de la remontée me brouille la vue, mais l'image de ce père et de ce fils pleins de traînées blanches du sel séché sur la peau s'est gravée dans mon esprit. Alors que nous arrivons en haut, une femme se met à hurler vers le lac, depuis le bord du cratère. Sans doute n'est-ce qu'un message banal, mais je me plais à imaginer que cette épouse et mère des deux fils de la terre qui m'occupent l'esprit est en train de hurler tout son amour.

El Sod

Le gisement de sel

Ci-contre.
Après avoir passé des heures à plonger dans l'eau pour extraire des paquets de boue du fond du lac, les hommes remontent leur précieux butin dans des sacs ficelés sur le dos de mulets ou d'ânes. Ce dépôt salin compte parmi les plus riches d'Éthiopie.

Double page suivante.
Les paquets de boue saline sont d'abord mis à sécher sur la rive, puis entassés dans ces sacs de toile où ils continuent à s'égoutter. Sous le soleil, la chaleur dans le cratère est torride, aussi l'évaporation intense allège-t-elle rapidement les sacs de leur poids d'eau.

C'est à l'aide de longues perches que ces hommes détachent la boue du fond du lac avant de plonger pour la remonter et la déverser dans des seaux de plastique flottant sur l'eau.

Sel vorace

Les plaies de la survie

Substance précieuse — tant pour les hommes que pour les bêtes —,
le sel brûle et ulcère les chairs de ces hommes qui,
le récoltant, passent une bonne partie de leur existence dans l'eau corrosive.

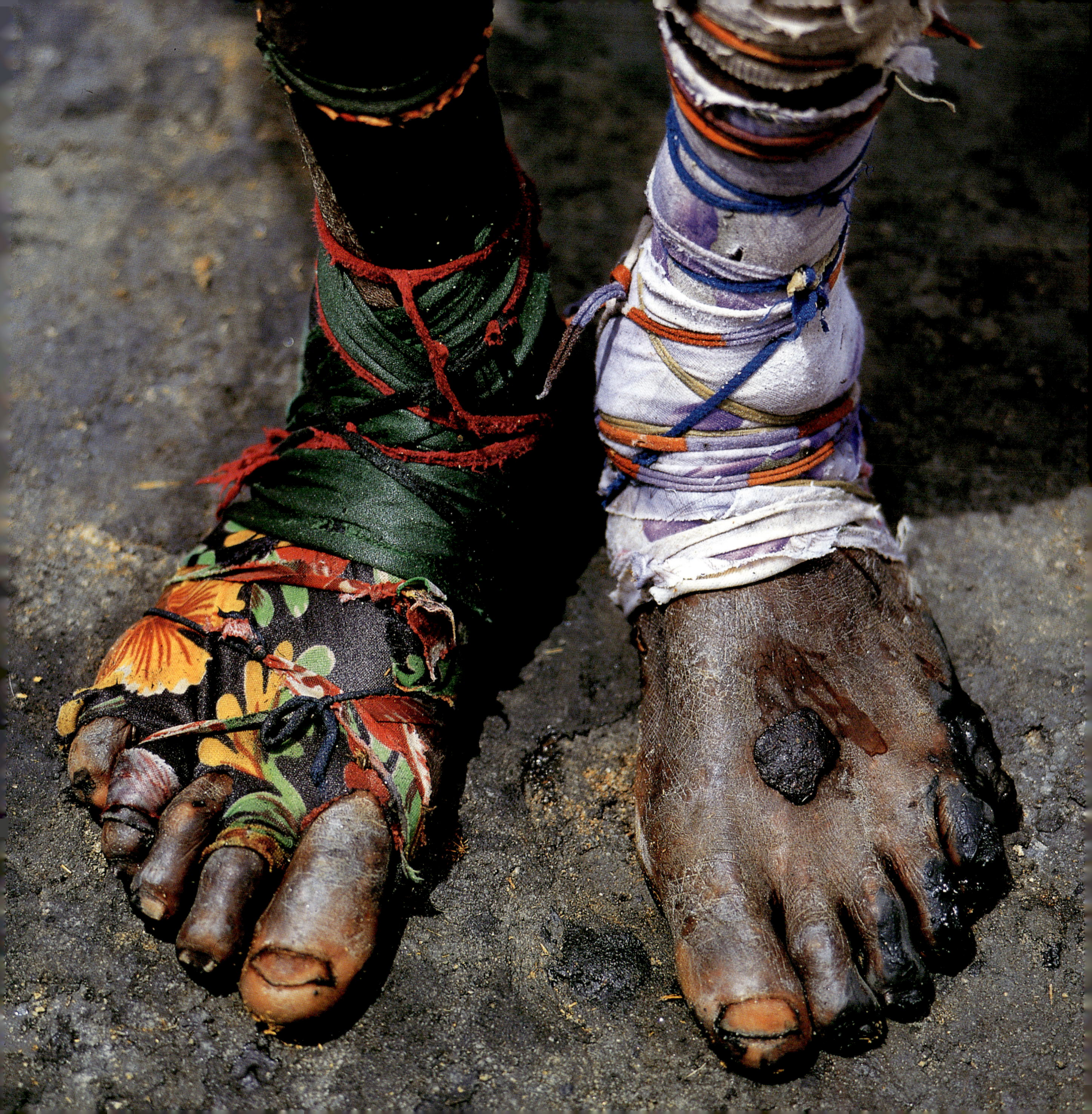

Mains borana

Des pansements de chiffons

Illusoire protection que celle des chiffons dont les sauniers enveloppent les entailles provoquées par le sel avide, qui ronge douloureusement la peau.

UNE MOSAÏQUE DE TRIBUS

LES DASSANETCH PEUPLES DU LAC

[PAOLO NOVARESIO]

LES DASSANETCH PEUPLES DU LAC

Dans ses récits d'expédition, Teleki mentionne les Dassanetch sous le nom de Reshiat. En Éthiopie comme au Kenya, ils sont le plus souvent désignés sous l'épithète péjorative de Shanghilla, c'est-à-dire « nègres », « individus à peau sombre ».

L'appellation Galeb, qui leur est aussi attribuée et que les occupants italiens avaient déformé en Gheleba, a le même sens. Les Turkana les appellent Merille ou Marille. De toute cette confusion, les explorateurs du XIXe siècle et les ethnologues qui leur succédèrent furent à la fois les artisans et les victimes, les difficultés de traduction et de prononciation faisant le reste… Il en résulte au moins vingt-deux appellations différentes avec leurs variantes ! Mais c'est encore plus compliqué que cela, car les Dassanetch ne sont pas une entité ethnique unique : ils rassemblent un conglomérat de populations diverses qui ont simplement en commun les mêmes valeurs et les mêmes traditions. Leur société compte huit sections aux origines différentes, et chacune d'elles, une fois intégrée dans le groupe dassanetch, est rattachée à un territoire donné. Les Ri'ele, qui constituent une des sections, ont une ascendance borana ; les Randal, eux, sont étroitement liés aux Rendille du Nord-Kenya, les Koro aux Massaï, les Naritch aux Nyangatom, et ainsi de suite… Les Inkabelo et les Inkoria, qui viennent des terres situées à l'ouest du lac Turakana, se considèrent comme les véritables Dassanetch, la souche primordiale à laquelle sont venus peu à peu s'adjoindre les autres groupes. En tout, la population dassanetch compte trente-deux mille individus en Éthiopie, auxquels s'ajoutent les quelques groupes qui vivent au Kenya, soit plusieurs milliers de personnes. On ne sait quand a débuté le processus d'assimilation, mais von Hornel et Teleki avaient déjà remarqué que les Dassanetch préféraient épouser des femmes étrangères, des Samburu surtout, dont la beauté était particulièrement appréciée et la descendance considérée comme de souche noble. Aujourd'hui encore, ils admettent exilés et fractions dissidentes d'autres tribus, qu'ils intègrent assez aisément dans leur système. Serve d'un territoire, la fraction n'est pas fermée, contrairement aux clans familiaux qui, eux, sont stables. Tous ces affiliés bénéficient de certains pouvoirs rituels en temps de guerre comme en temps de paix. Chaque clan a sa spécialité, qui va de la prière à des tâches plus concrètes, comme protéger les troupeaux lors des traversées du fleuve. Les préparatifs de la très importante cérémonie du *dimi*, tâche longue et complexe qui requiert l'intervention conjointe de

Tannées, desséchées par le soleil et par les disettes, ces vieilles femmes dassanetch expriment toute l'âpreté de leur terre ingrate.

plusieurs acteurs spirituels, sont également l'affaire du clan. Il s'agit du rite de passage des jeunes filles dans la puberté. Une fois excisées, entre huit et dix ans, elles sont aptes à la maternité, et donc à participer à la continuité des générations de la tribu. L'événement concerne exclusivement les filles aînées — qui reçoivent la bénédiction solennelle des anciens, garantie de leur fertilité future —, mais les véritables héros de la fête sont leurs pères, qui grâce à elles accèdent au sommet de l'échelle sociale. Ils n'auront plus, dès lors, à s'occuper de problèmes contingents, mais se consacreront à l'administration et à la politique. Le prix de cet accès au niveau supérieur est élevé : les participants au *dimi* se doivent de sacrifier dix taureaux et au minimum une trentaine de chèvres et de moutons, dont la viande est distribuée aux membres du clan. En pratique, cela revient à décimer ses propres troupeaux et à liquider d'un seul coup un patrimoine durement accumulé pendant toute une vie. La cérémonie, ponctuée de banquets, de danses et de libations, peut durer jusqu'à six semaines. Les hommes arborent leurs plus beaux vêtements, des peaux de guépard et de singe qui leur pendent des épaules, sous des coiffures surmontées de plumes d'autruche ; un bouclier de bois et un bâton en forme de phallus complètent cette parure.

L'initiation masculine, chez les Dassanetch, intervient à un âge avancé, c'est-à-dire aux alentours de la trentaine, et présente des aspects paradoxaux. Lors du passage de l'adolescence à l'âge adulte, en effet, le garçon s'habille en femme, avec jupe et bijoux, et imite en tout le comportement féminin, comme de jouer gentiment avec les tout-petits. Les gens du village le traitent avec une extrême gentillesse, préviennent ses besoins et le nourrissent avec des aliments préparés exprès, comme cela se fait pour une jeune mère. Par des voies impénétrables, cet apprentissage de la douceur donnera naissance à un guerrier féroce, capable d'occire n'importe quel ennemi avec le sang-froid d'un tueur professionnel. Car les Dassanetch sont le fléau de leurs voisins. Ils ont autant d'armes qu'ils veulent, et ils s'en servent on ne peut mieux. De plus, l'habitude qu'ils ont d'émasculer leurs adversaires confère à leurs brigandages une réputation des plus sinistres. Avec une régularité cyclique, leurs razzias s'abattent sur les Nyangatom, les Hamar, les Gabbra, les Rendille ou les Turkana, et sur quiconque possède du bétail.

Le territoire dassanetch s'étend au nord et à l'est du lac Turkana, sur les deux rives de l'Omo, région essentiellement aride et battue par des vents violents avec des températures moyennes qui oscillent aux alentours de quarante degrés Celsius. Les précipitations, rares et imprévisibles, sont généralement précédées de tempêtes de poussière qui obscurcissent l'horizon pendant des jours. Dans cet environnement âpre et cruel, la relative prospérité des Dassanetch provient d'abondantes ressources en eau facilement accessibles, qui leur permettent de produire du sorgho, du maïs et des haricots sur les fertiles terres alluviales contiguës au fleuve et bénéficiant des hautes eaux saisonnières (les crues de l'Omo ne dépendent pas de la météorologie locale, mais des pluies qui s'abattent sur les hauts plateaux à une centaine de kilomètres de là) ; même en cas de sécheresse, la récolte est généralement garantie.

La culture des parcelles est régie par des règles flexibles, qui prévoient en temps de crise la reconversion des champs en pâturages pour les bêtes et, si

nécessaire, une rotation afin d'assurer la survie d'au moins une partie du cheptel sans avoir à renoncer totalement aux produits des champs. Quoi qu'il arrive, les biens de la communauté sont toujours privilégiés aux dépens de la propriété privée.

Cultivateurs par nécessité, les Dassanetch se considèrent comme un peuple de pasteurs et, de fait, leurs valeurs, leurs rituels, leur organisation par classes d'âge et le respect qu'ils nourrissent envers leurs troupeaux sont caractéristiques des sociétés pastorales. En dehors des rituels, ils ne mangent jamais de viande car tuer un animal est pour eux un gâchis insensé ; ils saignent cependant les vaches, comme bien des ethnies du Sud éthiopien. Bien qu'elle soit systématiquement pratiquée, la pêche est considérée comme une activité ignoble. Il en va de même, pour les hommes, des travaux manuels et du commerce.

Isolés du reste du monde au cœur de l'une des régions les plus inaccessibles et les plus agitées d'Afrique, les Dassanetch continuent à vivre selon leurs traditions. À l'exception des fusils automatiques, rien de la civilisation moderne ne semble les intéresser.

ETHIOPIA 2003/04
"OMO VALLEY"

... L'HOMME QUI NOUS FIT TRAVERSER LE FLEUVE NOUS FIT L'EFFET D'UN CARON AFRICAIN, PASSEUR DES TÉNÈBRES QUI NOUS MENA EN ENFER...

Malgré l'aridité extrême de leur territoire et la pauvreté à laquelle ils sont astreints, les Dassanetch — à l'égal des autres peuples de cette région d'Afrique — se parent de bracelets, de boucles d'oreille en fer et de colliers de petites perles colorées.

[GIANNI GIANSANTI]

LES DASSANETCH DÉSERT DE POUSSIÈRE

Des siècles séparent les deux rives du fleuve. C'est du moins l'impression que l'on a. Dans la réalité, entre Rate et le village dassanetch d'Omorate, on ne fait que traverser l'Omo, soit la cinquantaine de mètres correspondant à la largeur de son lit. Pourtant la distance est immense.

Laissant la voiture à Rate, nous descendons par la pente menant au rivage où une espèce de barque nous attend pour traverser le fleuve. Le paysage est harmonieux : végétation luxuriante que dominent des arbres d'un beau vert sombre, berge marron contrastant avec l'eau du fleuve qui, à cet endroit, semble bleue. Les animaux viennent s'y abreuver, et les femmes après la lessive remontent, bien droites, portant d'énormes paniers sur la tête. Les rames des solitaires pirogues de bois se reflètent dans l'eau...

Tout s'accorde à créer une sensation de calme et de douceur, malheureusement de courte durée. Une fois de l'autre côté, après avoir donné nos instructions au passeur pour notre retour, nous remontons et atteignons le village à une centaine de mètres de la berge. Le village... une dizaine de cabanes primitives plantées au milieu de nulle part. Les trois ou quatre personnes qui viennent à notre rencontre, nous le voyons tout de suite, n'ont rien à voir avec les gens des autres tribus. Elles sont d'une maigreur effrayante, marchent en s'aidant d'un bâton et ont le regard triste, désespéré peut-être ? Ou alors éteint. Il n'y a alentour que poussière, chaleur torride, aridité. Pas un arbre à l'ombre duquel se reposer, pas un enclos, aucun animal. Il n'y a absolument rien, ici. Nous voici au cœur du village, où même les enfants, ailleurs si vivants et entreprenants, nous regardent avec étonnement, bougeant peu, parlant peu et ne souriant guère.

Deux vieilles femmes coiffées d'étranges couvre-chefs et munies de longs bâtons marchent entre les huttes, sans but précis, en chuchotant. Deux hommes sont occupés à nettoyer et à aiguiser des couteaux et des pointes de flèche. Rien que des armes primitives, aucun kalachnikov contrairement à ce que l'on voit dans tout le reste de l'Éthiopie. Un autre homme, le chef du village peut-être, chasse avec un fouet les enfants qui, maintenant, se mettent devant mon objectif. Tandis que je photographie, un scorpion de belle taille grimpe sur le boîtier de mon appareil photo. Serait-ce un effet de la chaleur ou de la sécheresse, mais je commence à avoir l'impression que ces gens qui passent devant moi ne sont que des âmes errantes condamnées sans espoir de salut dans une circonvolution de l'enfer. Et à quelques mètres seulement, il y a l'eau, le fleuve, l'ombre, un monde qui bouge ! Ces Dassanetch, on le voit, semblent enchaînés à leur désert de poussière, comme s'il y avait une frontière invisible impossible à franchir. Soudain, notre voyage s'est métamorphosé : l'homme qui nous a fait traverser en barque serait-il un

Ci-dessus. Contrairement aux autres populations de la vallée de l'Omo, les Dassanetch, trop pauvres pour se procurer des armes à feu, n'ont que lances et sagaies, au demeurant fort efficaces semble-t-il.

Double page suivante. Le soleil écrasant de midi, qui réduit les ombres sur la latérite pulvérulente, contraint les enfants à jouer sous quelque abri.

Caron africain, passeur mythique qui nous aurait amenés en enfer, laissant à Zenabu, notre guide, le rôle d'un Virgile, connaisseur des lieux et des usages, à qui nous fier pour nous conduire et nous fournir toutes les réponses dont nous avons besoin ?
Soudain, un souffle de vent, juste une brise ténue, efface cette impression que j'ai de me trouver loin du monde et rend aux choses et aux gens leur matérialité. Travailler ici, côtoyer ces gens ne serait-ce qu'un moment, c'est ressentir tant de désolation que l'on s'imagine aux frontières de la vie. Nous restons plus de quatre heures dans ce village avant de redescendre vers le fleuve, et tandis que nous partons en compagnie de notre Caron je me surprends à penser avec soulagement à la civilisation — juste un bar et une Jeep — qui nous attend sur l'autre rive.

La touffeur extrême
des demeures semi-sphériques — faites d'écorces
et de cuir de Rate — de ce village dassanetch
vaut tout de même mieux que l'ardeur implacable
des rayons solaires sur la terre aride,
où même un chevreau n'ose poser le sabot.

Ci-contre. Le chef du village de Rate a réuni les habitants pour répartir, entre les uns et les autres, les tâches de la journée.

Ci-dessus. L'une armée d'une lance, l'autre d'un vase, ces deux femmes se dirigent vers le fleuve pour y puiser de l'eau.

Pour apprendre aux garçons à soigner les animaux,
les adultes leur confient, dès le plus jeune âge, le soin des chevreaux.

Malgré leur pauvreté,
les jeunes filles Dassanetch attachent un soin particulier à leurs parures :
colliers et bandeaux de perles colorées,

LES MYSTÉRIEUX HABITANTS
DU MAGO

Les KARO des FRESQUES sur la PEAU

[PAOLO NOVARESIO]

LES KAROS
DES FRESQUES SUR LA PEAU

LES KARO, DITS ÉGALEMENT KERE, CHERRE OU KERRE, HABITENT LA RÉGION DU COURS INFÉRIEUR DE L'OMO, AU SUD DE SA CONFLUENCE AVEC LE MAGO.

Il s'agit d'un groupe de quelques centaines d'individus éparpillés en une poignée de villages reliés les uns aux autres par des chemins muletiers difficiles d'accès, même pour des véhicules à quatre roues motrices. Duss, la plus grosse de ces agglomérations, se trouve à une demi-journée de marche des limites du Mago National Park. On sait peu de choses de ce peuple, car les ethnologues n'ont pas encore étudié sa société en profondeur ; ce qui s'écrit sur lui s'étaye souvent sur des informations de deuxième main. Jusqu'au dernier recensement, pourtant méticuleusement mené avec des méthodes rigoureuses par le gouvernement éthiopien en 1994, qui les oublie carrément, les assimilant tout simplement aux Hamar ! De ces Karo, encore si peu connus, on sait qu'ils entretiennent avec leurs voisins les plus puissants d'étroits rapports de clientélisme, codifiés par une tradition immémoriale. S'ils sont nombreux à parler le nyangatom, leur propre langue est de souche omotique et ressemble pour quatre-vingts pour cent à celle des Hamar, dont ils partagent les croyances religieuses, le système économique et social ainsi que bien des coutumes et des rituels. Ils portent aussi le même type de vêtements, et attribuent un identique sens symbolique aux scarifications, autant d'indices qui laissent supposer un tronc historique et culturel commun à ces deux peuples. Une mystérieuse parenté lie également les Karo aux Mogudji et aux Kwegu, deux petites ethnies qui habitent la vallée du Mago. Kwegu et Karo, en effet, vivent volontiers côte à côte dans les mêmes villages et se marient entre eux.

En dépit de cette kyrielle d'éléments qui les rapproche de leurs divers voisins, les Karo ne se confondent pas avec eux, et se considèrent comme les tenants d'un groupe à l'identité forte. Ils expriment une volonté de différenciation, principalement par des peintures corporelles, chez eux élevées au rang d'art véritable. En Afrique comme ailleurs, se peindre le visage ou certaines autres parties du corps à l'aide de pigments minéraux et végétaux correspond à des exigences spirituelles, sociales, voire tout simplement esthétiques. Le message symbolique véhiculé diffère selon les couleurs et les dessins employés, qui témoignent, par exemple, de la position de l'individu au sein du groupe, de son accès aux rites de passage d'une classe d'âge à une autre ou bien de sa victoire sur un ennemi occis au combat. Parallèlement à leur signification, les pigments mettent en valeur la beauté des traits et l'harmonie du corps, et ils expriment la joie de vivre, la force et la santé de qui s'en est paré. Avec l'ocre, le jaune et le blanc de chaux, les Karo utilisent volontiers le noir, qu'ils tirent du charbon de bois ou de roches ferrugineuses pulvérisées et délayées dans de l'eau.

Apparentés aux puissants et belliqueux Hamar, dont ils parlent la langue,
les Karo ne sont que quelques centaines. Regroupés en petites communautés, ils vivent sur la rive du fleuve Omo,
dont un méandre s'étale largement ici, en arrière-plan.

Ces ornementations très soignées, qui requièrent des heures de travail — surtout celles qui préludent aux danses et aux cérémonies importantes —, sont exécutées à l'aide de bâtonnets à l'extrémité fibreuse. À côté de leurs motifs géométriques, ils tracent des signes qui ressemblent au plumage de divers oiseaux, en particulier à celui de la pintade sauvage, se couvrant tout le corps, de la tête aux pieds, d'une multitude de petits points blancs, d'un effet spectaculaire ! Lignes droites, zigzags, petits cercles, étoiles et empreintes de mains, les Karo font preuve d'une fantaisie débridée, les hommes surtout, souvent bien plus audacieux que les femmes. Les guerriers se plantent une plume d'autruche blanche sur la calotte d'argile colorée qui couvre leur nuque, en signe de pureté et de courage. Hommes et femmes apprécient les perles de verre importées d'Europe — utilisées par les marchands arabes comme monnaie d'échange —, qu'ils enfilent pour composer des colliers élaborés qu'ils superposent à leurs parures de graines d'*ensete*, sorte de banane sauvage, et d'autres plantes. Ils recherchent aussi les cauris, ces coquillages provenant de l'océan Indien dont la configuration rappelle étrangement celle du sexe féminin. Ils se parent les lèvres de fines tiges métalliques de longueurs diverses. Parfois, un simple clou perçant la lèvre inférieure fait l'affaire. Pour les Karo, la beauté physique revêt une importance capitale, et il serait impensable, surtout pour les jeunes gens, de négliger son aspect : cela équivaudrait à s'exclure de la vie sociale ! Au cours des fêtes qui célèbrent le terme des récoltes ou qui sont données à l'occasion d'un mariage, ils font assaut d'élégance, une obligation envers le groupe, mais aussi une nécessité pour tout homme souhaitant trouver une épouse.

Les Karo sont un peuple d'agriculteurs : ils cultivent le sorgho, pratiquent la pêche et élèvent des chèvres et des moutons. Voici plus d'un siècle, l'explorateur Donaldson Smith fut frappé de la fierté de ces hommes tout autant que de l'abondance de nourriture de leur région. Il remarqua aussi qu'ils traitaient en intrus les étrangers qui pénétraient sur leurs terres et qu'ils se faisaient craindre de leurs voisins. En temps de paix, ils vivaient tranquillement, vaquant à leurs occupations quotidiennes aux heures les moins chaudes du matin, accordant beaucoup de temps à l'oisiveté, au bavardage et aux relations sociales.

Aujourd'hui, la situation a radicalement changé. L'apparition massive des armes à feu dans l'Omo inférieur a modifié les règles du jeu, et instauré un climat de tensions permanentes. Non seulement les Karo risquent d'être physiquement écrasés un jour par leurs voisins, plus puissants et mieux armés, mais, à brève échéance, c'est leur façon de vivre même qui est en péril. Soumises aux pressions d'autres tribus plus vigoureuses et assoiffées de nouveaux pâturages, leurs limites territoriales établies par la coutume s'affaiblissent de plus en plus, une situation empirée par les chocs culturels dus à la récente apparition du tourisme dans le Sud éthiopien. Les Karo maintenant dansent et se font photographier moyennant monnaie, bradant leur intégrité pour une poignée de dollars.

Brutalement arrachés à l'isolement qui les avait protégés pendant des siècles, appauvris, ils risquent de voir disparaître leur culture. Pour l'heure, comme indifférents à leur propre destin, ils perpétuent crânement leurs traditions ancestrales et, parés de couleurs splendides, sourient à l'avenir incertain.

ETHIOPIA 2003/04
"OMO VALLEY"

… LES GUERRIERS
VALEUREUX SE COUVRENT
ARTISTIQUEMENT
LE HAUT DU CRÂNE
D'UNE CALOTTE D'ARGILE
DANS LAQUELLE
ILS PIQUENT
UNE PLUME D'AUTRUCHE,
SYMBOLE DE COURAGE.

[GIANNI GIANSANTI]

LES KARO
LA VIERGE NOIRE

LE VÉHICULE TOUT-TERRAIN PEINE SUR LA PISTE JUSTE SIGNALÉE PAR DEUX LONGS SILLONS TRACÉS DANS LES HERBES HAUTES.

Je grimpe sur le toit et m'installe sur une bâche entre deux bidons d'essence pour trouver la bonne direction sur cette voie à demi effacée, en prenant comme précieux points de repère les acacias parasols épars sur ce bout de savane. Une étendue d'herbe s'ouvre devant nous pour se refermer juste derrière, dans un élégant ondoiement de tiges redressées emplissant l'air de leurs senteurs si particulières.

Labouk, Duss et Korcho sont les seuls villages de ce territoire qui jouxte l'Omo. Ils abritent quatre cent cinquante hommes, femmes et enfants, peut-être cinq cents, on ne sait leur nombre précis. Lorsque les derniers individus de ce peuple auront disparu, il n'y aura plus aucune trace de l'ethnie karo, l'une des plus intéressantes de toute la vallée.

À Labouk, le premier village auquel on parvient en venant du Mago National Park, plusieurs indigènes accourent à notre rencontre en nous saluant d'un bras levé tandis que, de l'autre, ils tiennent un kalachnikov. Après les présentations d'usage, nous discutons avec le chef du village de la possibilité de passer la nuit dans nos tentes dressées parmi les huttes. Cela ne plaît pas à Zenabu, notre guide, le seul d'entre nous à pouvoir dialoguer avec les Karo, qu'il convainc de nous emmener en reconnaissance au bord du fleuve. L'endroit est beaucoup trop sauvage pour établir un campement, et je ne veux même pas imaginer l'animation qui peut y régner à la tombée de la nuit ! Sans compter que le fleuve, grouillant de crocodiles, est bien trop proche… Je suggère donc — ou, plutôt, je l'ordonne presque — de retourner au village pour trouver un accord avec ces Karo afin de tout photographier. Zenabu et Anyalem se tournent vers moi et, me fusillant du regard, rétorquent que l'on ne peut dormir au village. En définitive, grâce à l'entremise de Paolo, nous en obtenons la permission… mais quelques sourires entendus et un bien vilain museau accompagné d'une femme déguisée en hyène s'attachent à nos pas et ne nous quitteront pas tout au long de cet après-midi étouffant, écrasé de soleil et bourdonnant d'insectes. Ces derniers sont même si nombreux, le soir venu, que nous nous contentons d'un dîner frugal plus rapidement avalé que d'habitude pour courir nous mettre à l'abri dans les tentes. Trois guerriers karo armés de fusils s'étendent à terre sur une humble couche de paille et veillent le camp toute la nuit à la clarté d'un feu.

Au réveil, j'ouvre la tente. L'aube m'apparaît avec un ciel couvert de nuages de plomb qui laissent entrevoir les premiers rayons du soleil. Je sors de mon univers

Double page suivante. Sur le visage de Zery, cette jolie jeune femme, se lisent les fatigues de l'enfantement. À l'écart du village, elle vient en effet de mettre au monde, toute seule, le bébé encore mouillé qu'elle tient dans les bras.

pour entrer dans le leur, tandis que l'un des gardes me salut d'un signe et suit des yeux chacun de mes pas. Je commence par un rapide tour du village, encore endormi, et je prends mes premières photos : une vieille femme, qui me semble être l'épouse du chef de village, en train de charger deux bidons vides sur son dos courbé avant de descendre chercher de l'eau au fleuve. De retour aux tentes, je constate que Zenabu et Anyalem se sont réveillés. Je leur demande si tout va bien. « *Yes, Gianni, everything is OK* », tout va bien, me répondent-ils. Ils me semblent plus calmes et sans arrière-pensées. Au petit déjeuner, Anyalem finira même par sourire ! Le pire est passé. Contrairement à d'autres ethnies, comme les Surma et les Mursi, qui vivent dans la forêt, les Karo, eux, se sont installés à proximité du fleuve. Je décide donc de faire des prises de vues tandis qu'ils naviguent sur le fleuve dans leurs pirogues taillées dans des troncs évidés. Debout, bien droits, élégants dans leurs dessins multicolores tracés à main nue sur tout le corps, ils dirigent leurs embarcations à contre-courant sur les eaux limoneuses du fleuve à l'aide de longues perches de bois, glissant entre les berges couvertes d'immenses champs de sorgho.

La matinée est très avancée lorsque nous prenons congé du chef de la tribu et de ses guerriers, en les remerciant de leur hospitalité. La femme hyène, qui hier m'agonisait de grossièretés chaque fois que je pointais l'objectif sur elle, semble moins sauvage.

Sur le sentier du retour soudain, au milieu des buissons secs, surgit une silhouette de femme enveloppée dans un chiffon qui enserre également un nouveau-né. Elle a le regard fixe, perdu sur l'horizon. Je tourne autour d'elle, je la photographie et lui souris. Elle reste impavide. J'aperçois serrée entre ses bras, tout contre son sein, la minuscule tête d'une petite fille aux cheveux trempés. « Elle s'appelle Zéri et elle vient juste d'accoucher », me murmure Zenabu à l'oreille en un souffle, de crainte de déranger. Je fais un pas, deux pas à reculons, très lentement, et la regarde tandis que je m'éloigne, avec au cœur la crainte d'avoir été importun, tant par ma présence que par le déclenchement métallique de mon appareil. Pendant des jours, la vision de cette vierge noire, statue semblable à la Pietà soutenant le Christ supplicié, restera gravée dans mon esprit, vivant symbole de la souffrance qui submerge la vie dans ces pays d'Afrique.

Korcho

Dans la boucle de l'Omo

Grandiose, l'Omo déroule ses méandres aux rives verdoyantes en pays karo. Les villages y sont de dimensions restreintes, comme Korcho (ci-contre), qui ne compte guère plus d'une centaine d'habitants.

Double page suivante. Spectacle insolite que ce pasteur karo surveillant son troupeau vêtu d'un veston occidental. Les contacts avec les touristes, pour qui les peintures corporelles karo qui imitent le plumage des pintades de brousse et les joyeuses danses de séduction constituent une superbe attraction, deviennent fréquents depuis quelques années.

Le temps des récoltes

Le sorhgo, base de l'alimentation des Karo

Les récoltes ont lieu
à la fin de la saison des pluies,
lorsque le sorgho, gorgé d'eau et de soleil,
devient lourd de graines.
C'est aux hommes qu'il incombe
de le couper,
et aux femmes de battre le grain.
Tous les habitants du village travaillent
ensemble à engranger cette manne,
base de leur alimentation.

Double page suivante.
Il faut de puissantes machettes pour
couper les épaisses tiges, dont la saveur
douceâtre est assez agréable.

Le battage se fait à grands coups de bâton sur les épis afin de séparer les grains de sorgho de la paille, comme le font ces femmes. Les parures de ces dernières vont du clou aux colliers de cauris, coquillages qui constituaient autrefois une monnaie d'échange pour la plupart des peuples du continent africain.

Ci-contre. Le soin des personnes âgées incombe aux jeunes femmes, qui s'acquittent de cette tâche avec douceur.

Ci-dessus. Pour faciliter le portage lors de la quotidienne corvée de bois, les fagots sont ici — comme chez la plupart des peuples d'Afrique de l'Est — serrés dans des peaux de bêtes.

Tandis que les unes donnent la tétée,
les autres préparent le repas.
Ici, un bouillon de tête de chevreau sacrifié
à l'instant.

Ces jeunes hommes
de la deuxième classe d'âge
des guerriers se couvrent de
pâte de craie pour la journée.
Se sentent-ils moins
vulnérables grâce à cette
parure d'intimidation ?
C'est probable.
Celui du premier plan
à gauche est en train d'établir
les fondations de son chignon
d'argile. Pour en avoir
le droit, il a dû accomplir
un acte de bravoure : tuer
un ennemi ou un fauve.

Patrouiller
dans les hautes herbes autour
du village compte parmi
les tâches quotidiennes
des hommes.

ETHIOPIA 2003/04
"OMO VALLEY"

ÉTOILES, ZIGZAGS,
EMPREINTES DE MAINS,
LA FANTAISIE
DES KARO
EST INÉPUISABLE…
ET LES HOMMES SONT
SOUVENT PLUS HARDIS
QUE LES FEMMES
DANS LEURS DÉCORS.

Bien que n'ayant à leur disposition
que de la craie, de l'ocre, de l'argile rouge
et du charbon de bois,
le tout trempé d'un peu d'eau,
les Karo réalisent des décors corporels
d'une folle inventivité.
Cela va des simples zigzags blancs
(ci-contre) aux fresques éblouissantes
qui couvrent tout le corps,
avec une prédilection pour les pois
(double page suivante).
Pour ne pas abîmer leur coiffure d'argile
pendant le sommeil, les guerriers habilités
à s'en parer dorment sur un appui-tête
en bois muni d'un ou de trois pieds.

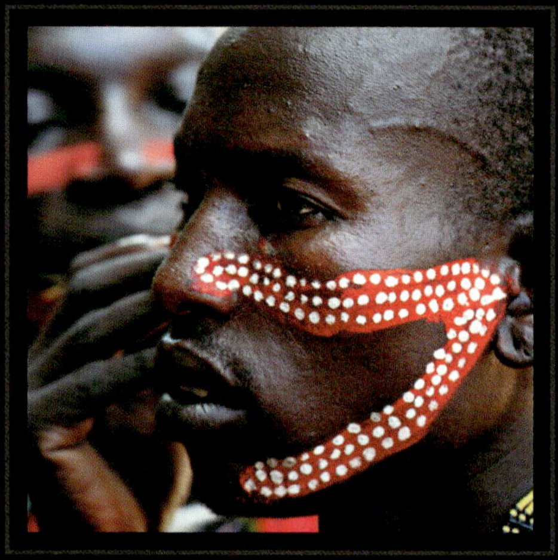

HOMMES DES PLAINES

LES HAMAR

ORGUEIL ET BEAUTÉ

[PAOLO NOVARESIO]

LES HAMAR
ORGUEIL ET BEAUTÉ

PAR-DELÀ LA VALLÉE DU WOITO, LE PAYSAGE CHANGE BRUTALEMENT. LES ULTIMES PENTES DES HAUTS PLATEAUX DISPARAISSENT, COMME ENGLOUTIES DANS LES PLAINES IMMENSES QUI S'ÉTENDENT À PERTE DE VUE VERS LA FRONTIÈRE KENYANE.

Les collines aux champs cultivés en terrasses par les Konso cèdent le terrain à la savane et aux broussailles. Seuls quelques reliefs isolés se dressent çà et là sur l'horizon, dont ils rompent la monotonie. Unique signe de vie dans cet environnement sauvage : les huttes des Hamar. Leurs villages semblent dispersés au hasard, mais ce n'est qu'une apparence, car cette dispersion correspond à une configuration précise, dictée par les exigences de leur économie mixte, pastorale et agricole à la fois. Il est nécessaire pour eux d'installer les cultures à proximité des puits, et les pâturages pas trop loin des agglomérations.

La présence des Hamar dans la région est assez récente. Leur histoire et leurs mythes se réclament d'un passé glorieux et d'époques où leurs ancêtres avaient élu domicile sur les cimes du massif montagneux. Ce sont eux qui auraient découvert le feu, un feu dont la lumière serait montée aussi haut qu'une étoile dans le ciel obscur, attirant des gens de partout. Vinrent ainsi les Konso, les Ari, les Tsami, les Karo, les Male et les Nyangatom qui, devant un tel prodige, jurèrent obéissance et respect à ceux qui devinrent les Hamar. Aujourd'hui, ces derniers considèrent le feu comme une force régénératrice et le début de tout. Lorsqu'une personne meurt, ils éteignent son foyer puis, lorsqu'ils le rallument, plus tard, c'est avec toute une suite de bénédictions compliquées. Au feu, ils livrent les chaumes après la récolte afin que leurs cendres fortifient la terre, et ils qualifient d'« incandescents » les gens qui débordent d'imagination et d'énergie. Leurs origines légendaires s'étayent sur un fond de vérité : les Hamar sont en effet un amalgame de groupes variés venus des tribus voisines qui, il y a des siècles, cherchèrent refuge sur les hauteurs situées au nord-ouest du lac Turkana. L'Américain Donaldson Smith, qui explora la région en 1895, les rencontra même non loin des rives du lac Stéphanie, entre autres, sous la forme d'une troupe de guerriers qui l'attaquèrent pour le voler. Bien qu'il n'y eût pas encore d'armes à feu en Éthiopie méridionale à cette époque, d'immenses conflits tribaux ravageaient toute la région. Longtemps avant l'arrivée des explorateurs européens, dit-on, les Hamar avaient arrêté les hordes borana sur le fleuve Woito. Après de durs combats, ils en triomphèrent « par magie », en projetant un gigantesque essaim vrombissant d'abeilles enragées sur leurs envahisseurs terrorisés... qui se replièrent en masse, suivis des Samburu puis des Turkana, ne laissant dans leur sillage que morts et désolation.

Ci-dessus. Les plaines verdoyantes du territoire hamar, que dominent ici les vastes maisons rondes à la toiture pointue du village d'Arna, s'étendent à perte de vue.

Pages 420-421. Haylo, cet ancien et valeureux guerrier, conte fièrement l'histoire de cette lance, héritée de Beldembe, l'un de ses frères, qui lui-même l'avait reçue en présent d'un village nyangatom.

Pages 422-423. Le rituel du café se déroule sous l'œil curieux de la petite Sopy, qui tente de passer inaperçue.

Le vrai grand problème restait cependant à venir : le partage de l'Afrique par les puissances coloniales, qui concerna, bien malgré lui, l'empire d'Éthiopie.

À la fin de l'année 1900, Menelik II envoya ses troupes à la conquête des terres jouxtant le Kenya pour couper la route à l'expansionnisme anglais. Nombreuses et bien armées, elles eurent raison des lances des Hamar, qui furent rapidement soumis. Bien des gens furent tués, d'autres furent capturés pour l'esclavage, et ceux qui le purent s'enfuirent à travers les broussailles pour mener une une vie errante.

Immédiatement après leur conquête, les Éthiopiens armèrent les tribus du Sud et les encouragèrent à faire des incursions dans le Kenya septentrional. La domination italienne ne modifia rien, et la société hamar, tout en parvenant à maintenir son intégrité, sortit bouleversée de ces violences et fit de la razzia — jusqu'alors rien de plus qu'un moyen simple pour s'enrichir — un symbole de gloire et d'honneur tribal. Un tel changement de mentalité affaiblit les structures traditionnelles tandis que, parallèlement, leur nouvelle vie semi-nomade dans les plaines arides, qui devint leur lot, accrut leur refus de toute forme d'autorité. Dès lors, les choix personnels commencèrent à prévaloir sur ceux de la communauté, attitude dominante chez les Hamar aujourd'hui.

Le pouvoir des chefs et des notables est essentiellement rituel, si bien que la *donza* — l'ensemble des hommes mariés — contrôle leurs actes, comme ceux de tous les fonctionnaires, religieux et civils. Ce sont ces hommes mariés qui, plus que quiconque, doivent évoquer le *barjo*, c'est-à-dire l'étincelle de chance et de bien-être qui réside en tout être humain, sorte de principe vital, condition première de l'existence et de l'harmonie de la création. Sans *barjo*, le sorgho ne pourrait croître, la pluie cesserait de tomber et l'univers lui-même, avec le soleil, le ciel et les étoiles, sombrerait dans le chaos. Selon les Hamar, l'homme peut activer volontairement ce facteur invisible, en réveiller la force par des chants et des invocations, un rituel qui d'ailleurs marque le début de toute réunion. Le *barjo* augmente avec l'âge, ce qui, dans cette société fondamentalement anarchique et dépourvue de contraintes morales rigides, fournit au moins aux anciens un léger moyen de contrôle sur les jeunes gens et sur les femmes. Des mots comme « péché », « honte », « honneur » ou « devoir » n'existent pas plus dans le vocabulaire hamar que les concepts de bien et de mal dans leur mentalité. La superstition, très présente en revanche, justifie l'encombrante présence des sorciers, auxquels s'adressent les Hamar en cas de graves problèmes de santé ou lorsqu'ils soupçonnent un mauvais sort. Ces sorciers soignent les affections courantes par des herbes, des racines et autres substances naturelles, ingérées ou appliquées sur les endroits douloureux. Lorsque ces remèdes traditionnels s'avèrent inopérants, ils situent l'origine du mal dans une malédiction, et ont alors recours à d'autres moyens. Le coupable — qu'il s'agisse d'un parent, d'un étranger ou de l'esprit de quelque défunt mécontent de la manière dont les vivants l'auraient traité — requiert pour être apaisé le sacrifice d'un animal. Si l'offrande est suffisante, le fantôme quitte à jamais le village pour s'en retourner en paix dans le monde d'où il était venu, par-delà les Grandes Eaux. Mais les sorciers peuvent aussi utiliser leurs dons à mauvais escient, par exemple en incitant les hommes à partir en guerre, ce qui est considéré comme une sorte de folie. C'est alors aux anciens de combattre la mauvaise influence !

Sans centre de gravité stable, la société hamar pourrait se désagréger si une série de mécanismes n'avaient été mis en place pour éviter cette catastrophe, comme par exemple l'obligation d'aider les parents en difficulté, particulièrement en période de sécheresse ou de disette. Si tous respectent ce devoir, il faut dire que le bienfaiteur, dans ce cas, acquiert une certaine notoriété, un surcroît de respect au sein de la tribu, qui ne manquera pas de vanter ses mérites après sa mort.

Le prêt de bétail constitue d'autre part un véritable investissement car, les animaux se reproduisant, une vache prêtée hier peut revenir le lendemain à son propriétaire avec les intérêts... sans compter que cet éparpillement du patrimoine présente, entre autres avantages subsidiaires, celui de dissimuler la richesse réelle du propriétaire (qui serait mal vu s'il l'étalait), de réduire les risques de tout perdre d'un coup en cas de razzia, de vol ou d'épidémie, et de rendre la société plus égalitaire, plus cohérente, en apparence du moins.

Les Hamar élèvent principalement des chèvres, dont le rassemblement — contrairement à celui des troupeaux de bovins — n'exige pas de gestion communautaire semblable à celle des peuples pastoraux, aux sociétés basées sur les classes d'âge.

La mobilité, la possibilité de prendre des décisions rapides conviennent mieux aux Hamar, organisés en petites unités, que la lourdeur des grands agencements structurés. Ils apprécient les vaches pour leur valeur intrinsèque et rituelle plus que pour leur productivité. À l'instar de leurs voisins karo, banna et bashada, les Hamar célèbrent la cérémonie du Saut du taureau, billet d'entrée dans le monde des adultes. Il n'y a pas meilleure occasion que cet événement pour afficher ostensiblement sa beauté, son élégance. Le vêtement féminin est spectaculaire. Colliers de métal, perles de verroterie et bandoulières de coquillages parent le corps des jeunes filles qui, en outre, portent au front une visière d'aluminium, dite *kallé*, et des kyrielles de bracelets pour mieux montrer la rondeur des bras. Les femmes mariées, elles, ont droit au *bignere*, un lourd cercle de fer que termine une voyante protubérance phallique. Quant aux hommes, ils se créent des coiffures compliquées avec force plumes d'autruche, grâce à quoi ils ne se départissent jamais de leur appui-tête de bois, si utile aux heures de repos pour ne rien déranger et qui, à l'occasion, leur sert de siège.

Leur goût immodéré de l'esthétique trouve son exutoire dans les fêtes et les danses qui égayent leur vie quotidienne. Les sonorités de la flûte et de la lyre accompagnent leurs chants, qui content la geste héroïque de leurs guerres, bénissent les champs, les animaux, la nature, appellent la pluie et éloignent le mauvais sort. Les paroles ressassées de leurs litanies prennent force, se concrétisent. C'est ainsi que la voix humaine, chaque jour, recrée le monde.

[GIANNI GIANSANTI]

BARGHY

LE VISAGE D'UNE AFRIQUE EN MUTATION

Lorsque je suis rentré de mon premier voyage en Éthiopie, j'ai parlé de Barghy à l'un de mes amis curieux de savoir ce que j'étais allé faire dans cette région d'Afrique. C'était le meilleur argument, me semblait-il, pour lui faire comprendre le sens de ma démarche.

Barghy est une jeune femme hamar. La première fois que je l'ai rencontrée, c'était au bar d'Hassafu à Turmi, une espèce d'oasis inespérée pour les quelques touristes de passage. Nous étions rescapés des habituelles cinq à six heures de pistes africaines entaillées d'ornières et écrasées d'une chaleur insupportable. Elle était avec une bande d'enfants qui, dès notre arrivée, s'étaient précipités vers nous avec l'éternel refrain : « *Birr, birr, hallo, frenji, hallo, photo...* » Barghy, elle, était restée immobile, assise sur un banc bleu ciel délavé sous un abri de paille, à nous regarder fixement avec une curiosité mêlée d'étonnement, les mains croisées sur ses jambes pendantes et, sur sa tête, une cascade de petites tresses rouges. Elle ne faisait pas un geste.

Dans l'excitation générale, les cris déchaînés des enfants qui nous faisaient fête, qui m'empêchaient de bouger, qui m'appelaient, qui me réclamaient de l'argent et des cadeaux, je ne voyais que son attitude à elle, si inhabituelle : elle ne nous demandait rien, ne nous appelait pas, ne hurlait pas. Les enfants faisaient des cabrioles pour attirer notre attention... et Barghy ne bougeait toujours pas. Ils mimaient des combats, couraient en tous sens sur la route poussiéreuse. Ils relevaient leur tee-shirt d'une main pour montrer leur petite poitrine aux muscles qu'ils n'avaient pas, tandis que de l'autre ils s'efforçaient de tenir leur pantalon, trop large, sans boutons, qu'ils perdaient à chaque pas. Barghy regardait tout cela, gracieusement abandonnée sur le banc, une main posée sur sa robe de peau de chèvre ornée de petites perles, le menton appuyé sur l'autre. Soudain, ses yeux écarquillés se plissèrent en un sourire qui, découvrant des dents éclatantes, s'étendit à tout son visage, entièrement baigné dans un rai de lumière filtrant du toit de paille. Clic !

Voilà ce que j'étais venu faire ici. C'est à ce moment-là que je l'ai compris. Bien entendu, je savais que j'étais en voyage à la recherche de quelque chose... Mais de quoi ? Ça, je n'en avais pas vraiment idée. Et quand bien même l'aurais-je su, comment aurais-je eu, *a priori*, la certitude de le trouver ? Par son attitude, sa robe de peau de chèvre, son immobilité parmi des gens et des choses en mouvement, Barghy m'avait tout expliqué sans un seul mot. Mieux encore ! Elle m'avait montré ce que je devais faire : cristalliser en une fraction de seconde les événements intemporels de cette région du monde. Barghy la Hamar, qui passait ses après-midi au bar avec ses amis de Turmi. Barghy et sa robe de chèvre, qui

Barghy, ravissante enfant hamar aux petites tresses traditionnelles enrobées d'argile rouge.

allait à l'école avec des enfants portant des tee-shirts à l'effigie de Totti... Il n'y a guère que deux façons de vivre une époque : tenter de la prendre en marche ou rester volontairement en marge. Clic.

Lorsque je revis cette jeune fille, quelques mois plus tard, je ne la reconnus pas. Elle était toujours au bar avec les enfants, déchaînés, dans leurs tee-shirts en lambeaux. Je savais que je la trouverais là, et pourtant je ne la reconnus pas, même lorsqu'elle s'approcha de moi et me dit dans un souffle « *Ciao, Gianni.* » Elle avait la tête rasée et portait, elle aussi désormais, un short d'homme et un tee-shirt en coton, trop large pour elle et déchiré. Je n'ai rien pu dire d'autre que « *Ciao Barghy. Nagaya.* » Rien d'autre. Et tout ce que je n'ai pas pu dire, c'était : « Qu'as-tu fait, Barghy ? Que t'est-il arrivé ? Où sont donc passées tes petites tresses hamar ? Et ta petite robe hamar ? Que gagneras-tu avec ce tee-shirt et cette culotte courte ? Grandiras-tu ? Est-ce une manière de rattraper le temps ? De regagner ce que tu crois avoir perdu ? »

Je ne puis m'empêcher de penser à ce que signifient pour moi les gestes disparus. Au sens de la beauté et à la charge sentimentale que nous attribuons à tout ce qui est passé et qui, jamais, ne reviendra. À la comparaison que nous ne pouvons nous empêcher de faire entre ce qui était et ce qui sera... Barghy est transformée et ne sera jamais plus comme avant. Mon vœu, pour ce coin d'Afrique, serait que tout demeure exactement tel quel. Je voudrais pouvoir imaginer que, dans ce coin du monde, aucune valeur ne sera jamais accordée à la vitesse, à la technologie, au progrès. Qu'il en soit ainsi ici, dans cet endroit où la seule chance que l'on ait de voir un téléphone portable, c'est en pièces détachées pendues au cou de quelqu'un en guise de parure, ici où les sachets d'aliments précuits se transforment en petits sacs portés en bandoulière. J'espère que mes photos pourront répondre à cette curiosité que nous portons tous au fond de nous : observer aujourd'hui, de nos propres yeux, le passé bien vivant. Voilà ! Car il se pourrait bien qu'en ces peuples nous ayons l'impression de nous retrouver nous-mêmes tels que nous étions voici des millénaires.

Je ne saurais dire si le choix de Barghy est le bon. Je sais seulement que c'est une jolie jeune fille hamar qui a décidé de venir voir comment est notre monde, un monde si différent du sien. Mieux vaut continuer à être un Hamar de la vallée de l'Omo, me disent certains, qu'un mendiant à Addis. D'autres soutiennent que chacun doit avoir la possibilité de changer, et font valoir qu'il serait égoïste d'empêcher Barghy de le faire. D'autres encore affirment que, si nous n'allions pas leur montrer nos Jeep, nos appareils photo et nos téléphones par satellite, Barghy et les siens ne les désireraient pas, et que ce serait beaucoup mieux...

Bientôt, m'a-t-on annoncé, on construira une route asphaltée jusqu'à Turmi. Cela fera plus de touristes, plus d'argent. Alors le temps commencera à filer et, sautant à pieds joints toutes les étapes, il reléguera en un clin d'œil dans le passé deux mille ans d'une histoire immobile. Le temps disparu d'une Afrique disparue.

Ci-dessus. L'enfant d'hier, aujourd'hui adolescente, a troqué son élégance hamar
pour cette allure occidentale, dont elle est très fière.

Pages 430-431. Très étendus et d'une grande propreté, les villages hamar sont divisés en autant d'enceintes const
de fagots d'épineux qu'il y a de familles, chacune d'elles jouissant d'un bel espace autour de la maison.

Pages précédentes.
Toute demeure a besoin de petites réparations… Ici, réajustage de liens de fixation quelque peu distendus près de l'entrée.

Ci-contre.
Cette fillette laisse l'agnelet boire un peu sous sa mère car, malgré son jeune âge, elle sait déjà qu'il faut amorcer la traite des brebis avant de tirer le lait destiné aux humains.

La Vénus au fusil

Le côté violent des Hamar

Même en vaquant
à ses tâches quotidiennes, ce peuple artiste
n'oublie jamais qu'il est en guerre perpétuelle
avec bon nombre de ses voisins.

Dans l'extrême
touffeur de l'après-midi,
lorsque le soleil darde ses
rayons sur la plaine où l'air,
sans un souffle, est comme
en suspens, il convient
de boire souvent…
C'est ce que cherche à faire
cette femme, aux prises
avec une lourde poterie
fabriquée au village
et teintée au charbon
de bois.

Dans la soirée, une bonne partie
du village se réunit autour d’un feu de bois
sur lequel cuit un chevreau,
viande qui fait partie des aliments de base
du peuple hamar.

ETHIOPIA 2003/04
"OMO VALLEY"

... LEUR COIFFURE,
UNE MULTITUDE
DE FINES TRESSES
OINTES À L'OCRE,
CONFÈRE
AUX FEMMES HAMAR
UNE ÉLÉGANCE
PARTICULIÈRE.

Sous le soleil de l'après-midi, la graisse utilisée pour lier l'ocre rouge finit par fondre

Vers le marché de Dimeka

Occasion de rencontres

Couverte
de ses lourds bijoux de fer
et de ses colliers de graines et de perles,
cette jeune fille va vendre
ou échanger au marché
les produits de l'artisanat familial.
Les Hamar, en effet,
sont d'habiles potiers
et de très bons forgerons.

La plupart des femmes
ont le dos marqué de profondes cicatrices,
marques laissées par les fustigations qu'elles
s'imposent lors des rituels du Saut du taureau
pour bien montrer leur attachement
aux jeunes gens qui, après l'épreuve,
seront considérés comme adultes et donc
quitteront le toit familial.

Calebasses,
poteries et pigments
en poudre
— ici l'*asselle* rouge —
sont disposés sur des
peaux, qui servent
de présentoirs.

Les racines
que mâchent
ces jeunes femmes
servent à la fois
de dentifrice
et de brosse à dents,
rendant éblouissant
leur sourire.

[GIANNI GIANSANTI]

JUMPING

CINQ SAUTS POUR QUITTER L'ENFANCE

DURANT TOUT LE TEMPS QUE JE RESTAI CHEZ LES HAMAR, PAS UN JOUR NE S'ACHEVA SANS QUE J'AIE DEMANDÉ DES INFORMATIONS SUR LE SAUT DU TAUREAU, LE RITE INITIATIQUE LE PLUS IMPORTANT DE CETTE TRIBU.

Et en ce qui concerne Sudu, j'en suis certain, pas une journée non plus ne s'écoula sans qu'il ait posé les mêmes questions, anxieux à l'idée d'être mis à l'épreuve. Enfin, par un bel après-midi, on me fit savoir que l'événement était prévu pour le lendemain. Restait à définir l'endroit où le jeune Sudu affronterait le grand passage de l'adolescence vers le monde adulte. Héros incontesté de la journée, il devait démontrer son agilité en sautant d'un taureau à l'autre devant tous les habitants du village, déchaînés pour la fête. Ce rite s'étaie sur des raisons qui m'échappent. Quelle est la plus importante ? La capacité à soumettre les bêtes ? L'agilité du novice ? La différence entre ce que peut accomplir un homme et ce que peut faire un enfant ? Quoi qu'il en soit, ce jour était essentiel à Sudu pour devenir adulte. Ainsi qu'il en va de toute tradition qui se respecte, celle-ci s'entoure d'une série de célébrations, de rites : les danses et les fustigations.

Le grand jour venu, l'air était à la fête depuis le matin, et bien que la cérémonie proprement dite fût encore loin, partout on en respirait déjà l'atmosphère. C'est à pas rapides que les jeunes filles s'affairaient sur l'aire où se préparait le festin. Elles étaient munies de trompettes, dont elles sonnaient avec insistance. En fait, le son omniprésent de cet instrument devait accompagner chacun de leurs gestes. Ailleurs se réunissaient les *maz*, ces jeunes gens qui avaient déjà, au cours de fêtes antérieures, brillamment passé l'épreuve et qui étaient donc promus parrains des cérémonies suivantes. C'était à eux de choisir l'endroit où se déroulerait le grand passage, de décider du nombre de taureaux à réunir et, plus important encore, d'accompagner le novice dans l'épreuve. Ce jour-là, ils ne parvenaient pas à se mettre d'accord sur l'endroit où installer les bêtes. Peut-être souhaitaient-ils faire durer l'attente de Sudu pour tester sa patience... Chaque fois que nous parvenions sur un lieu susceptible d'accueillir les taureaux, ils l'affirmaient inadapté pour quelque obscure raison — qu'ils ne daignaient d'ailleurs pas expliquer —, et poursuivaient leur quête. Il fallut attendre six heures du soir pour que les *maz*, enfin, jettent leur dévolu sur une parcelle de terre plate à flanc de colline, la jugeant digne d'être le théâtre à ciel ouvert qui accueillerait leur village pour assister à l'épreuve de Sudu. Les femmes avaient consacré leur matinée à préparer la nourriture, c'est-à-dire à pétrir avec du lait la pâte de farine de sorgho dans des écuelles faites de calebasses vides, toujours au son des trompettes et entourées d'une nuée d'enfants.

Une fois les préparatifs achevés vint le temps des fustigations, et il me fallut bien constater que, contrairement à ce que j'avais imaginé, c'étaient les femmes, munies de fouets de cordes et de bâtons de bambou, qui exigeaient des *maz* qu'ils les fouettent. Mais ces derniers étaient

Le Saut du taureau est le moment le plus important de la vie d'un individu de sexe masculin, car c'est au cours de ce rituel complexe qu'il quittera l'état d'enfant pour celui de *maz,* c'est-à-dire de jeune homme sur la voie de l'adulte. Cet important événement requiert des semaines de préparation. Le rituel, précis, a pour phase finale le saut proprement dit d'un bovin à l'autre, les animaux étant alignés flanc à flanc.

absorbés par d'autres tâches, telles que jouir pleinement de l'attente de Sudu en restant avec lui, surveiller le bétail afin qu'il ne s'égaille pas, bref faire n'importe quoi plutôt que fouetter les femmes ! Paradoxalement, ce geste paraissait donc être une faveur, quémandée, extorquée à force de supplications. Une fois dûment fustigées, les femmes affichèrent une satisfaction masochiste en exhibant leur dos sanguinolent aux brûlantes blessures, qui laisseraient, c'était évident, de profondes et voyantes cicatrices pour témoigner de leur courage et de l'intérêt qu'elles avaient été à même de susciter chez un homme. Vint alors la danse, qui se poursuivit jusqu'à l'heure du saut. Fillettes, femmes et jeunes filles hamar faisaient danser les peaux de chèvre, les perles et les coquillages dont elles étaient parées lors des sautillements et des figures harmonieuses qu'elles exécutaient au son des chants et des trompettes. Mais le clou de la fête, c'était le saut. Et le saut, aujourd'hui, était celui de Sudu. C'est au coucher du soleil que se déroula ce moment si attendu, sur l'aire finalement choisie. Tout était prêt. Six taureaux avaient été disposés flanc contre flanc, et les jeunes filles, tournées vers les bêtes, commencèrent à danser en souriant et en bavardant. Les *maz* s'écartèrent et Sudu sauta. À dire vrai, ce saut n'était pas difficile. Il sauta sans se tromper, cinq fois sur les six taureaux. Ne pas tomber était la seule préoccupation qu'il devait avoir pour réussir cette épreuve, jalon majeur dans le cours de sa vie. Les taureaux ne bougèrent pas, Sudu ne tomba pas, et parvint donc victorieux au terme de l'épreuve. En réalité, il ne s'agissait pas de taureaux mais de vaches qui, fatiguées, regardèrent Sudu s'échapper seul vers la forêt pour célébrer sa victoire, mais qu'importe... L'enfant d'il y a un instant était désormais sur le long chemin qui ferait de lui, homme adulte, un guerrier hamar.

Après avoir bu ensemble
la calebasse de café rituelle, les jeunes gens
sont parés pour l'épreuve, corps et visage
enduits par les anciens de charbon de bois
lié à de la graisse animale.
Quelques peintures guerrières ajoutent
la touche finale à leur fière allure.

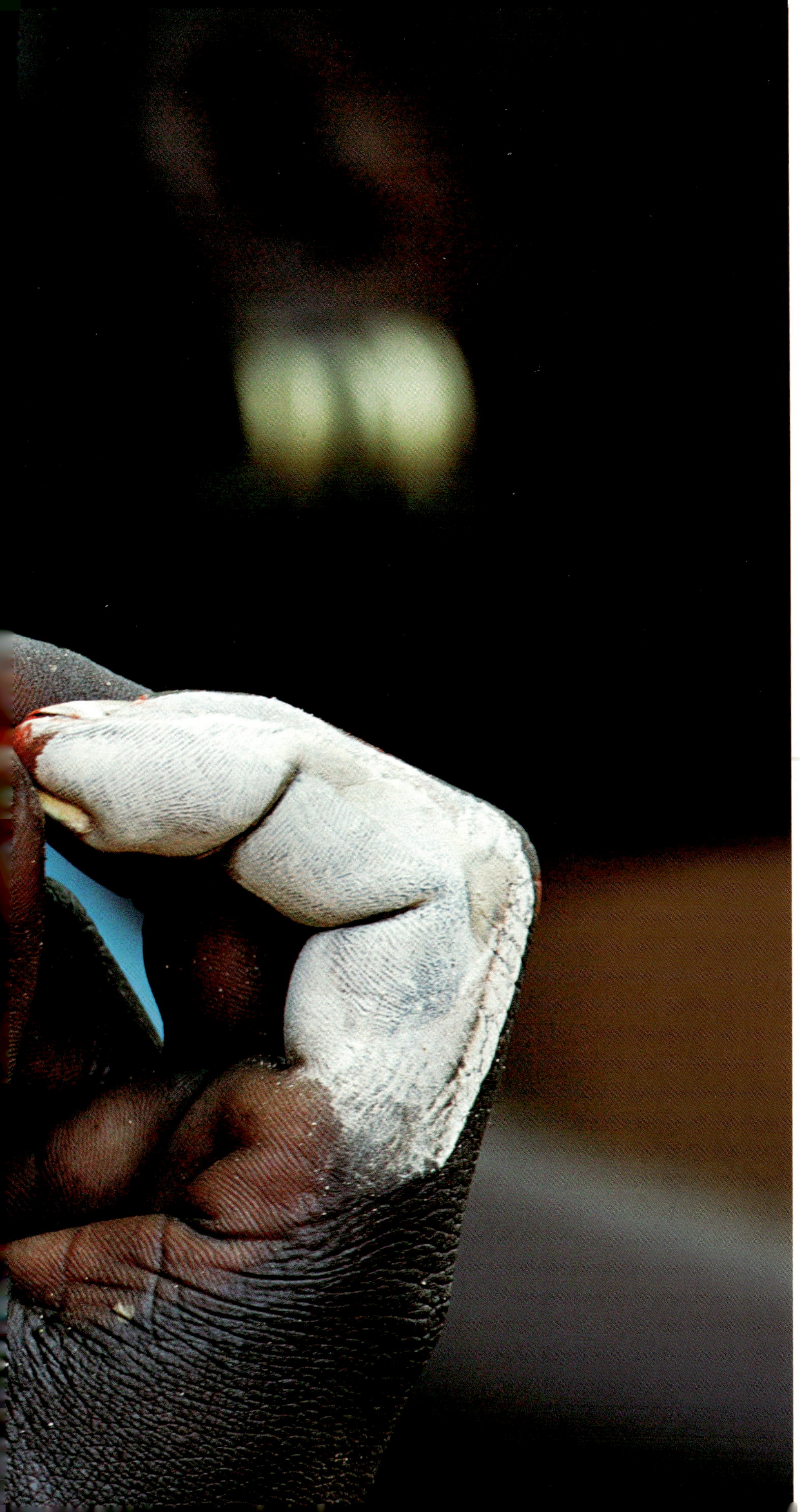

C'est avec un bâtonnet
en guise de pinceau que les *maz*,
ces jeunes hommes qui ont satisfait
aux cérémonies antérieures,
marquent le visage de leur protégé
de leur sceau personnel.

De l'argile en poudre,
un pigment végétal et de la graisse
animale mélangés permettent d'obtenir
cette éclatante couleur rouge.

Le début de la cérémonie
est marqué par l'initiative
des femmes,
qui invitent avec insistance
les *maz* à accomplir l'une
de leurs fonctions :
ils doivent les aider
à se fustiger à l'aide
de fins et courts bâtons
comme celui-ci
pour montrer à quel point
elles regrettent
le départ de la maison
de leurs jeunes parents.

Sur les blessures profondes et à vif
— qui laisseront d'indélébiles cicatrices —, mieux vaut si possible
ne pas laisser couler le mélange de graisse et de pigments rouges,
qui accentuerait la sensation de brûlure.

Dans l'ivresse que provoque le détonnant mélange
de danses, de chants, d'excitation
et de douleur se prépare la phase décisive
de la cérémonie : le saut.

En sautant et en dansant,
les femmes entraînent tous les habitants
du village vers le centre de l'aire de réunion,
où sont rassemblées les bêtes.

Au son de divers instruments de musique
dont jaillissent des notes
aiguës et discordantes
pour des oreilles occidentales,
les bovins sélectionnés sont peu à peu
mis en ordre...

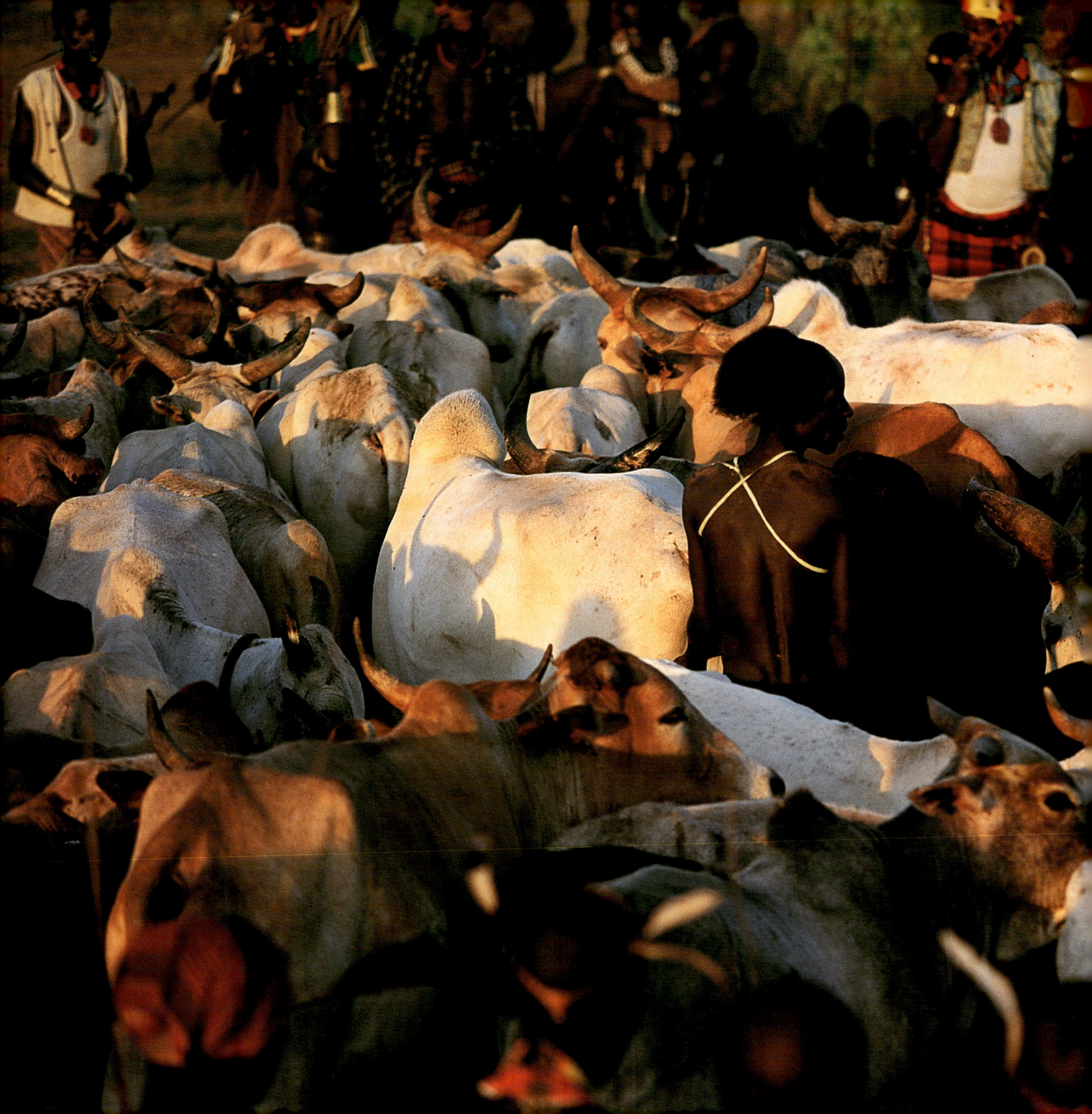

… mais aligner flanc à flanc
de trente à quarante bovins
n'est pas tâche facile,
d'autant qu'il convient
de les disposer en ménageant
une entrée et une sortie
symboliques.
Aux *maz* de démontrer
leur habileté en la matière !

Le corps enduit de graisse, nus comme lors de leur venue au monde, les novices sont menés l'un après l'autre, entre deux *maz,* jusqu'à l'entrée de l'épreuve, c'est-à-dire en face de la première des trente à quarante bêtes alignées et solidement maintenues par d'autres *maz*.

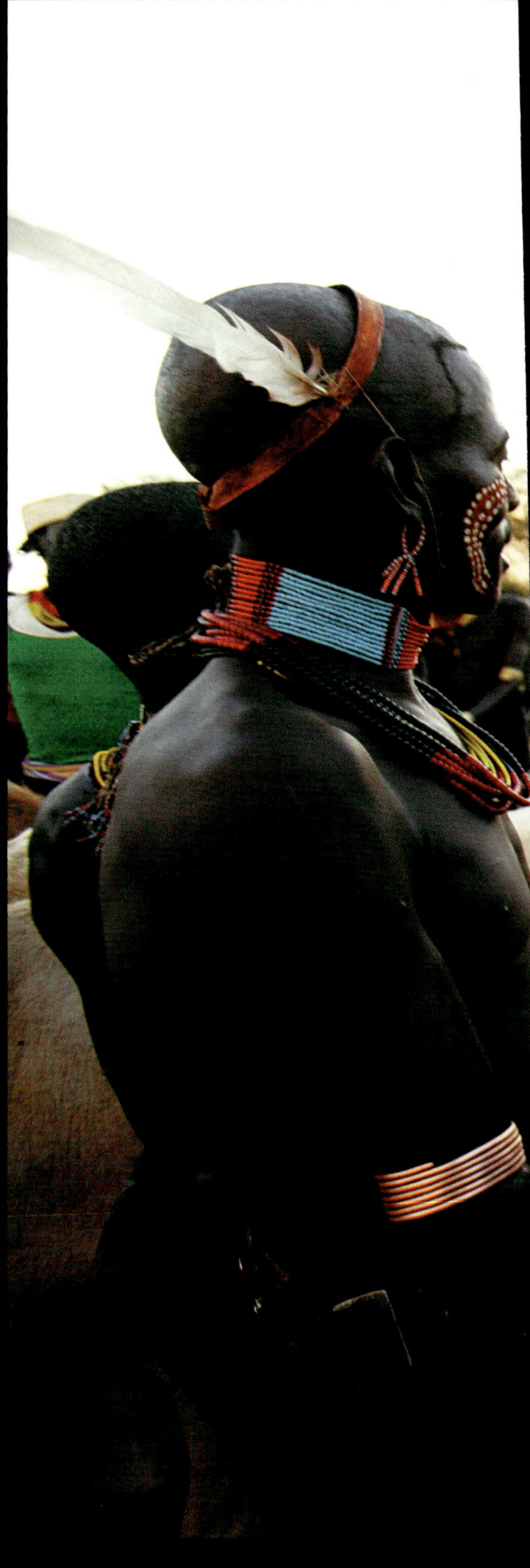

Dès que ses bras sont lâchés, le novice doit prendre son élan et sauter sur le dos du premier bovin, puis courir d'une bête à l'autre sans tomber ; une fois au bout, il doit sauter à terre et recommencer dans l'autre sens. Quatre allers et retours sont ainsi exigés pour quitter l'enfance. Les effectuer sans chute mérite l'enthousiasme et les encouragements de tous, mais ne pas parvenir au bout de l'épreuve vaut au maladroit une vie d'opprobre.

Tous les novices
ont réussi l'épreuve
la plus importante
de leur existence.
Meurtries mais fières,
les femmes de leur famille
commencent, heureuses,
à préparer le festin
qui s'ensuivra
dès la tombée du jour.
Ainsi se perpétuent
les traditions séculaires
des Hamar. L'ordre de
leur univers est maintenu.
Jusqu'à quand ?

BIOGRAPHIE DES AUTEURS

Né en 1965, **GIANNI GIANSANTI** commença à travailler pour l'Agence Sygma en 1981. Il réalisa des reportages en Turquie durant le coup d'État, ainsi qu'au Salvador, au Guatemala, en Libye, au Liban, au Sénégal, en Pologne, en Grèce et en Yougoslavie lorsque des événements marquants s'y déroulaient. En 1988, il consacra trois mois à photographier la vie privée du pape Jean-Paul II au Vatican et reçut pour ce travail un premier prix aux World Press Awards. En 1991, il publia le livre *Cavalli in Palio* (« chevaux au Palio »). En 1992, après avoir reçu le University of Missouri Picture of the Year Award pour son reportage en Somalie durant la famine, il publia un travail sur les miracles, phénomènes on ne peut plus complexes. En 1993, il commença à travailler dans le monde de la formule 1, avec pour résultat un premier ouvrage *The Colors of Passion* (« les couleurs de la passion »), produit par Renault Motorsport. En 1995, la publication de son livre *Giovanni Paolo II, Ritratto di un Pontefice* (*Jean-Paul II : portrait d'un pape*, Gründ, 1996) fut suivie d'expositions de prestige au Vatican (Salone Sistino), au Carrousel du Louvre à Paris et au musée des Beaux-Arts de Rio de Janeiro. En 1997, Giansanti publia *Jacques Villeneuve, a Champion in Pictures* (*Jacques Villeneuve, portrait d'un champion*, ETAI, 1997), puis en 1999 deux ouvrages relatant l'histoire de la British American Racing Team : *Realisation of a Dream* (« réalisation d'un rêve ») et *From Dream to Reality* (« du rêve à la réalité »). L'art compte aussi parmi ses centres d'intérêt majeurs, ainsi qu'il le prouva avec *Marc Aurèle,* une étude complète sur la restauration de la célèbre statue de l'empereur romain réalisée pour l'Allianz Insurance Company. Il consacra toute l'année 1999 au monde politique, en collaborant aux publications *Discover the Chambers of Deputies* avec des reportages sur la vie quotidienne à Montecitorio. Durant l'année 2001, il suivit le champion de football Alessandro del Piero pour réaliser le livre *Semplicemente del Piero* (« Del Piero, tout simplement… »). En 2002, ayant suivi le Mondial de football, il publia *Mondiale in giallo* (« le Mondial en jaune »), voyage photographique à travers la Corée et le Japon. Son dernier ouvrage, *A day on stage* (« une journée sur scène »), réalisé avec l'équipe de formule 1 de Renault, narre en images la vie de l'équipe de l'écurie française entre ateliers et grands prix.

Né à Turin en 1954, **PAOLO NOVARESIO** est diplômé en histoire contemporaine. Voyageur, historien et écrivain, il s'est depuis toujours penché sur la méthodologie des explorations. À pied ou en voiture aussi bien que par les moyens locaux les plus variés, il a parcouru les régions les moins fréquentées du continent africain, du Sahara au bassin du Congo et de l'Afrique orientale à l'Afrique méridionale. Il a navigué sur le Nil, sur l'Aruwimi et sur le lac Tanganyika. En outre, il a exploré à pied de vastes régions du Sahara et de la vallée de Suguta, au

Kenya. De 1981 à 1983, au terme d'une longue traversée du continent noir, il a étudié pendant un an au Kenya la culture et les transhumances des nomades samburu et turkana. Il a récemment concentré ses recherches sur le Kenya, le Botswana, la Namibie et l'Afrique du Sud. Enfin, il s'occupe également de la préparation logistique de voyages et d'expéditions scientifiques. De nombreux journaux et magazines publient ses articles sur l'histoire et les civilisations africaines. Il est l'auteur des textes de l'ouvrage *Uomini verso l'ignoto* (« Des hommes vers l'inconnu »), publié en 1997 par les éditions White Star.

REMERCIEMENTS

Nous tenons à remercier :

Ethiopian Airlines

KEL 12

Paolo Ruffa

Pour l'ambassade italienne en Éthiopie : l'ambassadeur Guido Latella, Emiliano Longhi, Arnaldo Minuti.

Pour l'ambassade éthiopienne en Italie : l'ambassadeur Mengistu Hulluka, Console Mekkonen Gossaye, Fortuna Dibaco.

Nous tenons également à remercier :

Riccardo Auci, Claudio Bassi, Zinabu Berhe, Aldo Bonzi, Giovanna Calvenzi, Jean-François Caubet, Nancy Dahl Paradisi Dompè, Ernesto De Vizio, Alessandro Di Napoli, Massimo Di Rienzo, Stefano Folgaria, Andrea Giansanti, Solomon Gizaw, Daniele Guglielmi, Maria Mann, Luca Mazzocco, Maurizio Melloni, Carlotta Perazzi, Riccardo Scoma, Paolo Secondino, Assunta Servello, Gabriella Squillace, Patrizia Spinelli, Brian Storm, Enrico Tedeschi, Yohannes Teshale, Luigi Toma, Ala Tozzi, Guillaume Valabregue, Carlo Verdelli, Susan Welchman, Michael Yamashita, Anaylem, Romeo.